INFOGRÁFICOS
MÚSICA

Título original: *Infographic Guide to Music*

Copyright © 2014 Essential Works Limited
Copyright © 2016 Publifolha Editora Ltda.

Publicado originalmente na Grã-Bretanha em 2014 pela Cassell Illustrated, uma divisão da Octopus Publishing Group Limited, Carmelite House, 50 Victoria Embankment, EC4Y 0DZ, Londres, Inglaterra.

Todos os direitos reservados. Nenhuma parte desta obra pode ser reproduzida, arquivada ou transmitida de nenhuma forma ou por nenhum meio sem a permissão expressa e por escrito da Publifolha Editora Ltda.

Proibida a comercialização fora do território brasileiro.

Coordenação do projeto: Publifolha
Editora-assistente: Isadora Attab
Coordenadora de produção gráfica: Mariana Metidieri
Produtora gráfica: Samantha R. Monteiro

Produção editorial: Página Viva
Edição: Tácia Soares
Tradução: Luis Reyes Gil
Consultoria: Pedro José de Toledo Carvalho
Revisão: Marília Bueno
Editoração eletrônica: Yara Penteado Anderi

Edição original: Octopus Books
Diretor editorial: Trevor Davies
Controle de produção: Sarah Connelly

Produção da edição original: Essential Works Ltd.
Diretora de arte: Gemma Wilson
Editor chefe: Mal Peachey
Editora: Julia Halford
Pesquisa: Russell Beecher, Daniel Collum, George Edgeller, Maudie Phillimore
Projeto gráfico: Ben Cracknell

Dados Internacionais de Catalogação na Publicação (CIP)
(Câmara Brasileira do Livro, SP, Brasil)

Betts, Graham
  Infográficos : música : fatos e curiosidades inusitadas sobre canções, músicos, discos e muito mais / Graham Betts ; [tradução Luis Reyes Gil]. – São Paulo : Publifolha, 2016. – (Infográficos)

  Título original: Infographic guide to music.
  ISBN 978-85-68684-62-7

  1. Música 2. Música - Curiosidades 3. Música - Miscelânea 4. Música - Obras ilustradas I. Título. II. Série.

16-07088   CDD-780

Índices para catálogo sistemático:
  1. Música : Miscelânea 780

Este livro segue as regras do Acordo Ortográfico da Língua Portuguesa (1990), em vigor desde 1º de janeiro de 2009.

Impresso na China.

PUBLIFOLHA

Divisão de Publicações do Grupo Folha
Al. Barão de Limeira, 401, 6º andar
CEP 01202-900, São Paulo, SP
Tel.: (11) 3224-2186/2187/2197
www.publifolha.com.br

Graham Betts

INFOGRÁFICOS
MÚSICA

Fatos e curiosidades inusitadas sobre canções, músicos, discos e muito mais

PubliFolha

SUMÁRIO

Introdução — 8	O Clube dos 27 e outros — 30
Embalos de sábado à noite — 10	Quem compõe a música? — 32
O seguro morreu de velho — 12	Dançando com James Brown — 34
Mapa histórico das gravadoras — 14	O punk não morreu – nem o rock progressivo… — 36
O donut do Elvis — 18	Ingresso indisponível — 38
Achtung Babies — 20	Linha da vida de MJ — 40
Espaço musical — 22	A chave de ouro — 42
A altura do sucesso — 24	Foi bom mudar de emprego — 44
O que os ZZ Top têm na cabeça? — 26	Sem Elvis, Beatles ou Stones — 46
Em busca da terra prometida — 28	O nome do metal — 48

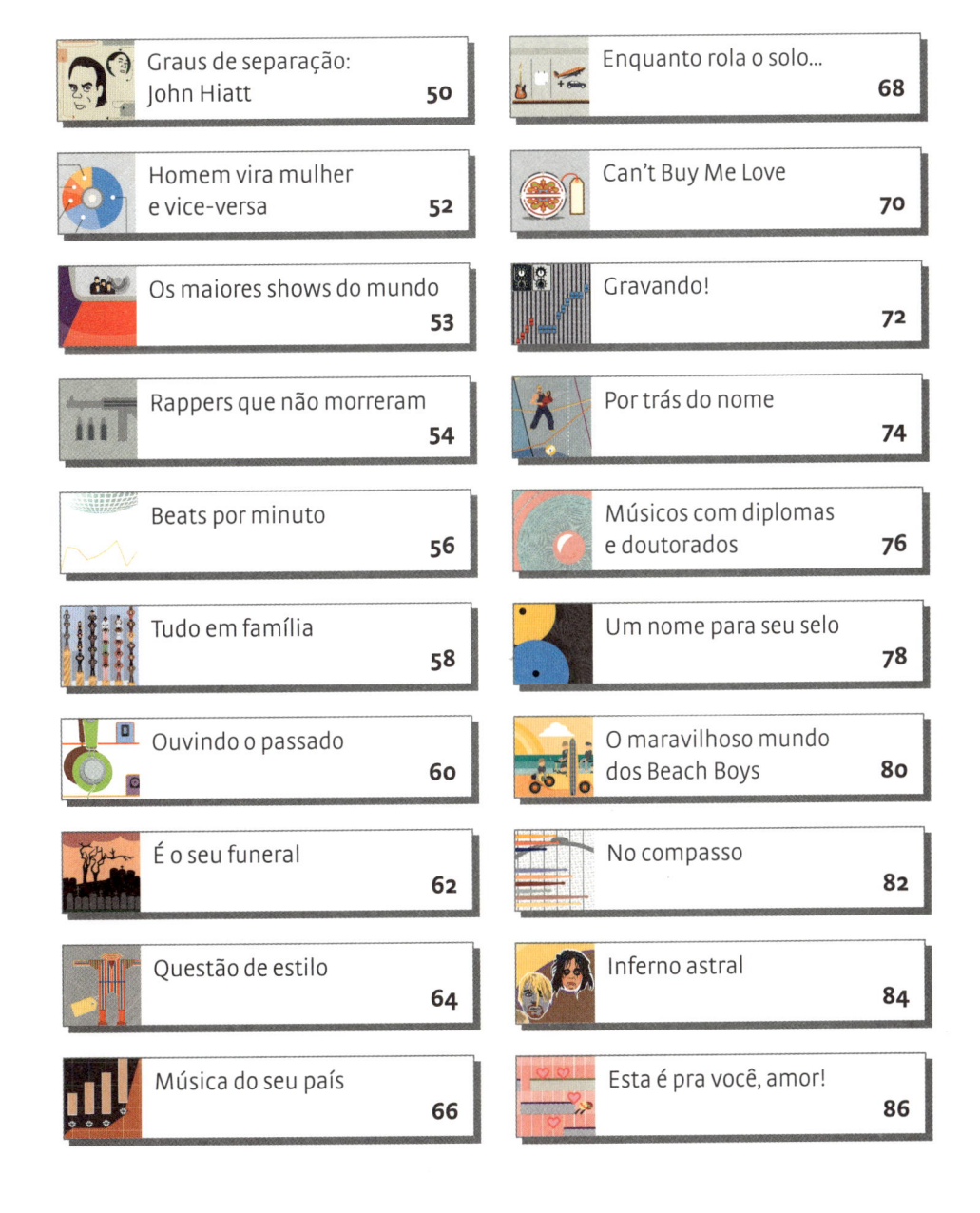

Graus de separação: John Hiatt **50**	Enquanto rola o solo... **68**
Homem vira mulher e vice-versa **52**	Can't Buy Me Love **70**
Os maiores shows do mundo **53**	Gravando! **72**
Rappers que não morreram **54**	Por trás do nome **74**
Beats por minuto **56**	Músicos com diplomas e doutorados **76**
Tudo em família **58**	Um nome para seu selo **78**
Ouvindo o passado **60**	O maravilhoso mundo dos Beach Boys **80**
É o seu funeral **62**	No compasso **82**
Questão de estilo **64**	Inferno astral **84**
Música do seu país **66**	Esta é pra você, amor! **86**

Surto do rock progressivo **88**	Altura sem limite **108**
Tons de pink **90**	Do clássico ao pop **110**
O que os ingressos pagam **92**	Sample This **112**
Façamos amor **94**	Dylan é cool? **114**
Como ter sucesso na música **96**	Celebrando os centenários dos clássicos **116**
E no final... **98**	David Bowie é **118**
Radiohead por gênero **100**	Preferências musicais ao redor do mundo **120**
Vendas de música por gênero **101**	Dois é melhor **122**
O som mutante do jazz **102**	O retorno do vinil **124**
Com quantos garotos se faz uma banda? **104**	O bolo dos royalties **126**
Graus de separação: Rihanna **106**	Grandes covers **127**

Só uma vez – ou nenhuma **128**	A senhora gorda vai cantar: é o fim? **144**
Tamanho faz diferença? **130**	Hip-hop em números **146**
História da música eletrônica **132**	A nova economia do setor da música **148**
Rock of Ages **134**	Trilha original **150**
Eu desafiei a lei (só que não) **136**	Seguindo os mortos **152**
Índice do solipsismo **137**	100 anos de rock **154**
Madonna na música **138**	Jesus no YouTube **156**
O som da música ao vivo **140**	Os 360° de Jay-Z **157**
Maravilhas com 3 acordes **142**	De onde vem a música clássica? **158**
	Créditos **160**

Introdução

por Graham Betts

Diz o senso comum que a estatística pode ser usada para provar praticamente qualquer coisa. Mas, embora fatos e números deem credibilidade a qualquer assunto, minha experiência diz que esses dados sempre servem para validar um argumento que de outro modo não se sustentaria. Depois de ter passado a maior parte da minha vida profissional no ramo da música, posso dizer com certeza que as gravadoras não se opõem a usar estatísticas a fim de se ajustarem melhor às exigências de mercado. No negócio da música, o sucesso é medido quase totalmente pelo fato de o Disco A ter vendido mais em uma determinada semana do que o Disco B, alcançando com isso um lugar mais alto nas paradas. Claro, o senso de oportunidade na indústria do disco é quase tão importante quanto o talento – por exemplo, se certos discos bem conhecidos de grandes artistas tivessem surgido três meses antes ou depois do seu lançamento oficial, poderiam ter sido Número Um, em vez de virar acompanhantes de sucessos bem menos lembrados, de bandas que logo depois saíram de cena. Como você verá neste livro, vários grandes astros de fama internacional nunca chegaram ao Número Um nas paradas dos Estados Unidos, mesmo com longas e brilhantes carreiras.

Talvez você entenda por que procuramos apresentar uma série completamente diferente de fatos e números nesta coleção de infográficos. Pesquisar quem acumulou a maior fortuna no pop é divertido, mas fica bem mais interessante se você leva em conta também a velocidade com que alguns artistas fizeram fortuna. E, se você olhar para outro infográfico, verá que cada 100 milhões que o artista ganha são apenas uma pequena porcentagem daquilo que a gravadora embolsa – embora seja, sem dúvida, muito mais do que o artista poderia ter ganhado se tivesse ficado no emprego que tinha anteriormente, o que é tema de outro de nossos gráficos.

Concordo que, em alguns casos, poderíamos ter expandido as listas. Pegue, por exemplo, a dos rappers famosos que foram vítimas de disparos, às vezes feitos por eles mesmos. Mas não foram só os rappers – poderíamos ter recuado até Johnny Ace (que se matou fazendo roleta-russa), Sam Cooke ou John Lennon, e incluí-los também. Nossa lista, no entanto, concentra-se naqueles que sobreviveram às suas várias brigas com armas de fogo (embora ODB tenha morrido mais tarde de overdose de drogas) e que conseguiram depois se gabar disso nos versos de suas músicas. Infelizmente, não seria possível compilar em um livro todas as informações que temos sobre o mercado musical, sobre a música, as gravações e os instrumentos – mesmo assim, criamos um belo gráfico sobre a linha cronológica da guitarra elétrica e outro comparando o equipamento de palco usado pelos Beatles no Shea Stadium em 1965 com o de uma recente turnê mundial de Paul McCartney.

O que tentamos fazer foi tratar de alguns tópicos familiares, em todos os gêneros de música popular, e destacar aspectos que não são tratados com frequência. Por exemplo, de tempos em tempos surge o feroz debate sobre qual deveria ser considerado o primeiro disco de rock 'n' roll, com toda espécie de disco obscuro sendo apresentada como mais antiga que o último a ser eleito como o legítimo instigador do estilo musical. Não vamos colocar mais lenha na fogueira dessa questão particular: em vez disso, abriremos um tópico inteiramente novo – qual foi o primeiro lançamento da disco music? Seja qual for sua escolha (e há uma significativa divergência de opiniões também a respeito desse gênero), elaboramos uma linha cronológica da disco music que trará de volta algumas memórias de danças e modas passadas. Claro, um dos principais componentes do movimento da disco music foi o single de 12", e também destacaremos que o vinil está experimentando uma espécie de ressurgimento, tema de outro dos nossos infográficos.

Em termos gerais, esperamos que você tenha um quadro interessante e variado da história da música e das opiniões críticas, e que aquilo que ainda lhe era obscuro nesse cenário lhe apareça sob nova luz após apreciar os gráficos deste livro. Você descobrirá o que os ZZ Top têm na cabeça, qual porcentagem da venda de um CD vai para os cofres da gravadora, qual dos Beatles foi mais bem-sucedido depois que eles se separaram, quais são os principais astros do hip-hop, como era ser James Brown, o quanto Bob Dylan tem oscilado em seu coeficiente de ser um artista descolado e o efeito que Bono teve no crescimento populacional da Irlanda nas últimas quatro décadas. E mais, muito mais.

Se a música é o que nutre o amor, então se prepare para curtir essa mesa farta e variada, reunida em um único e acessível volume.

EMBALOS
DE SÁBADO À NOITE

Ao longo da década de 1970, a disco music virou o som dominante nas pistas de dança e nas rádios do mundo inteiro. Veja como a música e a cena disco se desenvolveram.

The Loft é inaugurado em Nova York por David Mancuso, em fevereiro

Move On Up – Curtis Mayfield
Get Up (I Feel Like Being a) Sex Machine – James Brown

1970

1971

Funky Nassau – Beginning Of The End
Theme From Shaft – Isaac Hayes

Don't Go Breaking My Heart – Elton John e Kiki Dee

16 de dezembro: Estreia de *Os embalos de sábado à noite*

Lançamento do primeiro compacto comercial de 12": *Ten Percent*, do Double Exposure

1977

1976

Dance Dance Dance (Yowsah, Yowsah, Yowsah) – Chic

1º lugar **por 8 semanas**

1º lugar

You Should Be Dancing – The Bee Gees

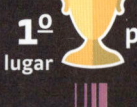

Studio 54 abre na W 54th St, em Nova York

por 1 semana

Village People é formado e introduz a Hi-NRG (disco eletrônica)

1978

Le Freak – Chic

7 milhões no mundo

Heart of Glass – Blondie, lançada em 03/01/1979
Copacabana – Barry Manilow
Miss You – The Rolling Stones

19 de maio: *Até que enfim é sexta-feira*, ambientado em uma discoteca, estreia e ganha o Oscar de melhor canção original, com *Last Dance*, de Donna Summer

I Will Survive – Gloria Gaynor, lançada em 23/10/1978

1972

Soul Makossa – Manu Dibango
One Night Affair – Jerry Butler

1973

Rock The Boat – Hues Corporation
Keep On Truckin' – Eddie Kendricks

Primeiro single de 12": cópia promocional de *Straight From My Heart*, do Swamp Dogg

Revista *Rolling Stone* publica primeiro artigo sobre música disco, por Vince Aletti, na edição de setembro

1º lugar

Bad Luck – Harold Melvin & The Blue Notes

por 11 semanas

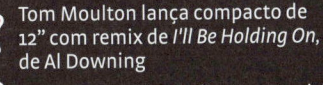

1975

- Tom Moulton lança compacto de 12" com remix de *I'll Be Holding On*, de Al Downing
- Fatback Band lança *(Are You Ready) Do The Bus Stop*
- *The Hustle*, de Van McCoy, lançada em 18/04/1975, vira mania nas discotecas

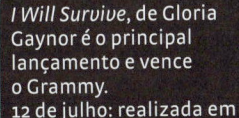

I Will Survive, de Gloria Gaynor é o principal lançamento e vence o Grammy.
12 de julho: realizada em Chicago a *Disco Demolition Night*; as pessoas queimam álbuns de música disco em um campo de beisebol

1974

Rock Your Baby – George McCrae
Kung Fu Fighting – Carl Douglas

11 milhões no mundo

Revista *Billboard* cria primeira parada disco, a Disco Action, em 26 de outubro (Gloria Gaynor foi a primeira a atingir o topo, com *Never Can Say Goodbye*, lançada em janeiro de 1975)

Estação de rádio WPIX-FM, de Nova York, estreia em novembro o programa Disco 102

Cerca de 5 milhões

1979

Hot Stuff & *Bad Girls* – Donna Summer
Heart Of Glass – Blondie

20 de junho: estreia o filme *A música não pode parar*. Studio 54 fecha em 81

Cópias vendidas

1980

A Lover's Holiday/ The Glow Of Love/ Searching – Change

Another One Bites The Dust – Queen

Disco, The Music, The Times, The Era, Johnny Morgan, Sterling 2011

O SEGURO
MORREU DE VELHO

Os artistas mais ricos do ramo da música não ganham só compondo, cantando e fazendo shows – também investem em outros negócios, como mostrado nestas páginas.

Artista	Valor	Negócio
Andrew Lloyd Webber	US$1,2BI	
Paul McCartney (The Beatles/Wings)	US$800M	
Herb Alpert (Tijuana Brass)	US$750M	(A&M)
Madonna	US$650M	(Maverick)
Bono (Paul Hewson) (U2)	US$600M	
Bing Crosby	US$550M	
Puff Daddy (Sean Combs)	US$550M	(Bad Boy Records)
Mariah Carey	US$500M	
Emilio Estefan (Miami Sound Machine)	US$500M	
Jay-Z (Shawn Corey)	US$470M	
Dolly Parton	US$450M	(Dollywood)
Jimmy Buffet	US$400M	
Michael Jackson	US$350M	
Garth Brooks	US$325M	
Gene Autry	US$320M	
Mick Jagger (The Rolling Stones)	US$305M	
Gene Simmons (Kiss)	US$300M	

OUTROS INTERESSES

- Produção teatral
- Editora musical
- Gravadora
- Propriedades
- Rádio
- Televisão
- Cavalos
- Artes cênicas
- Produção musical
- Patrocínio
- Restaurantes
- Escrita
- Parques temáticos
- Produção de cerveja
- Arrecadação de fundos
- Estações de rádio
- Beisebol
- Produção de filmes
- Revenda de carros
- Herança
- Fones de ouvido
- Cinema
- Caridade
- Gerente musical
- Aluguel de iate
- Colaboração em composição musical

Artista	Valor
Beyoncé	US$300M
Elton John	US$300M
Ringo Starr (The Beatles)	US$300M
Antonio 'L.A.' Reid (The Deele) — (LaFace)	US$300M
Elvis Presley	US$300M
Sting (Gordon Sumner) (The Police)	US$295M
Keith Richards (The Rolling Stones)	US$280M
Dhani Harrison (filho de George Harrison)	US$275M
Dr. Dre (Andre Young) (N.W.A.) — (Death Row)	US$250M
50 Cent (Curtis Jackson)	US$250M
Prince (Prince Nelson)	US$250M
Tim Rice	US$230M
Dave Grohl (Nirvana/Foo Fighters)	US$225M
Sean Lennon (filho de John Lennon)	US$200M
Bruce Springsteen	US$200M
Don Henley (The Eagles)	US$200M
Eric Clapton (Yardbirds/Cream)	US$200M

wikipedia.org, forbes.com, celebritynetworth.com

MAPA HISTÓRICO DAS GRAVADORA

A indústria musical se mostrou muito competitiva praticamente desde o início, e no decorrer de seus 125 anos de existência ocorreram inúmeras incorporações, surgiram companhias de sucesso e houve ferozes batalhas pelo domínio do mercado. Hoje sobraram apenas três selos de gravação no mundo.

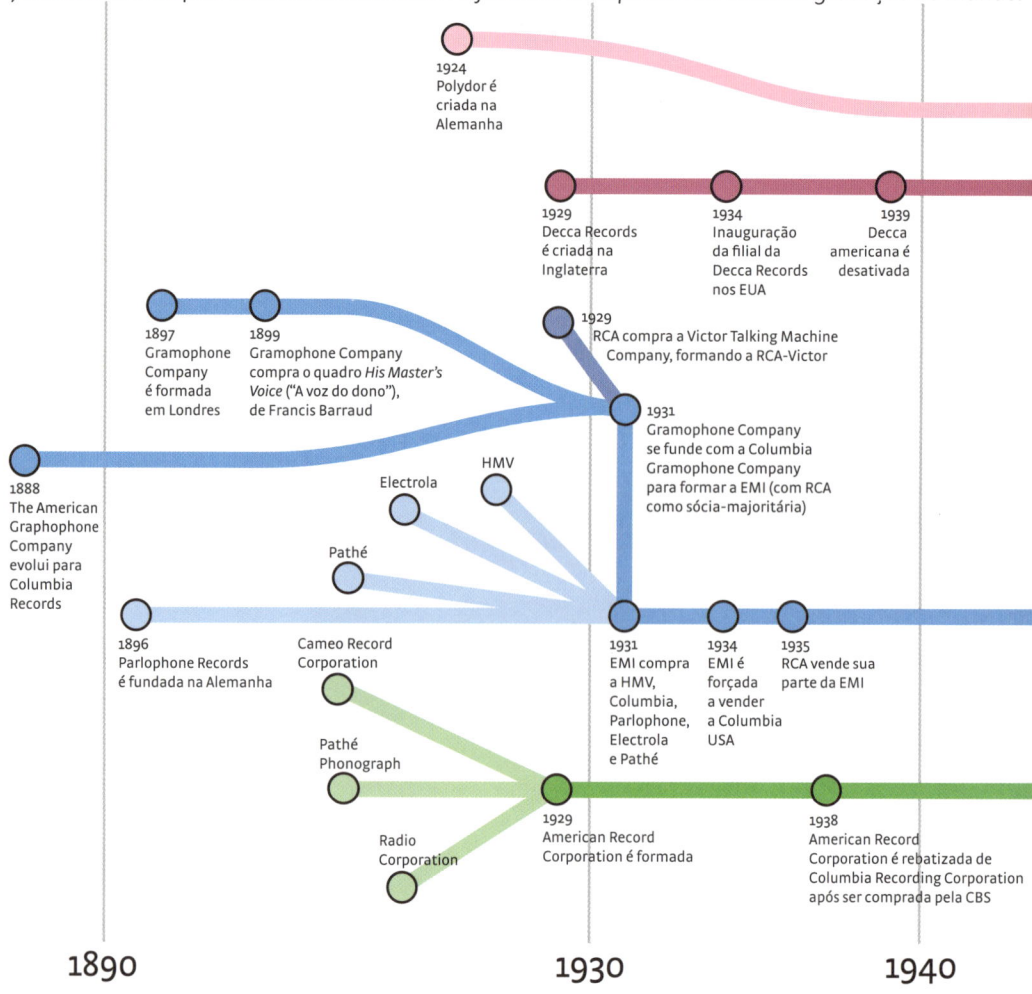

1924 MCA é fundada nos EUA como produtora de shows

1924 Polydor é criada na Alemanha

1929 Decca Records é criada na Inglaterra

1934 Inauguração da filial da Decca Records nos EUA

1939 Decca americana é desativada

1897 Gramophone Company é formada em Londres

1899 Gramophone Company compra o quadro *His Master's Voice* ("A voz do dono"), de Francis Barraud

1929 RCA compra a Victor Talking Machine Company, formando a RCA-Victor

1931 Gramophone Company se funde com a Columbia Gramophone Company para formar a EMI (com RCA como sócia-majoritária)

1888 The American Graphophone Company evolui para Columbia Records

Electrola

HMV

Pathé

1896 Parlophone Records é fundada na Alemanha

Cameo Record Corporation

1931 EMI compra a HMV, Columbia, Parlophone, Electrola e Pathé

1934 EMI é forçada a vender a Columbia USA

1935 RCA vende sua parte da EMI

Pathé Phonograph

Radio Corporation

1929 American Record Corporation é formada

1938 American Record Corporation é rebatizada de Columbia Recording Corporation após ser comprada pela CBS

1890   1930   1940

14

Linha do tempo — Gravadoras

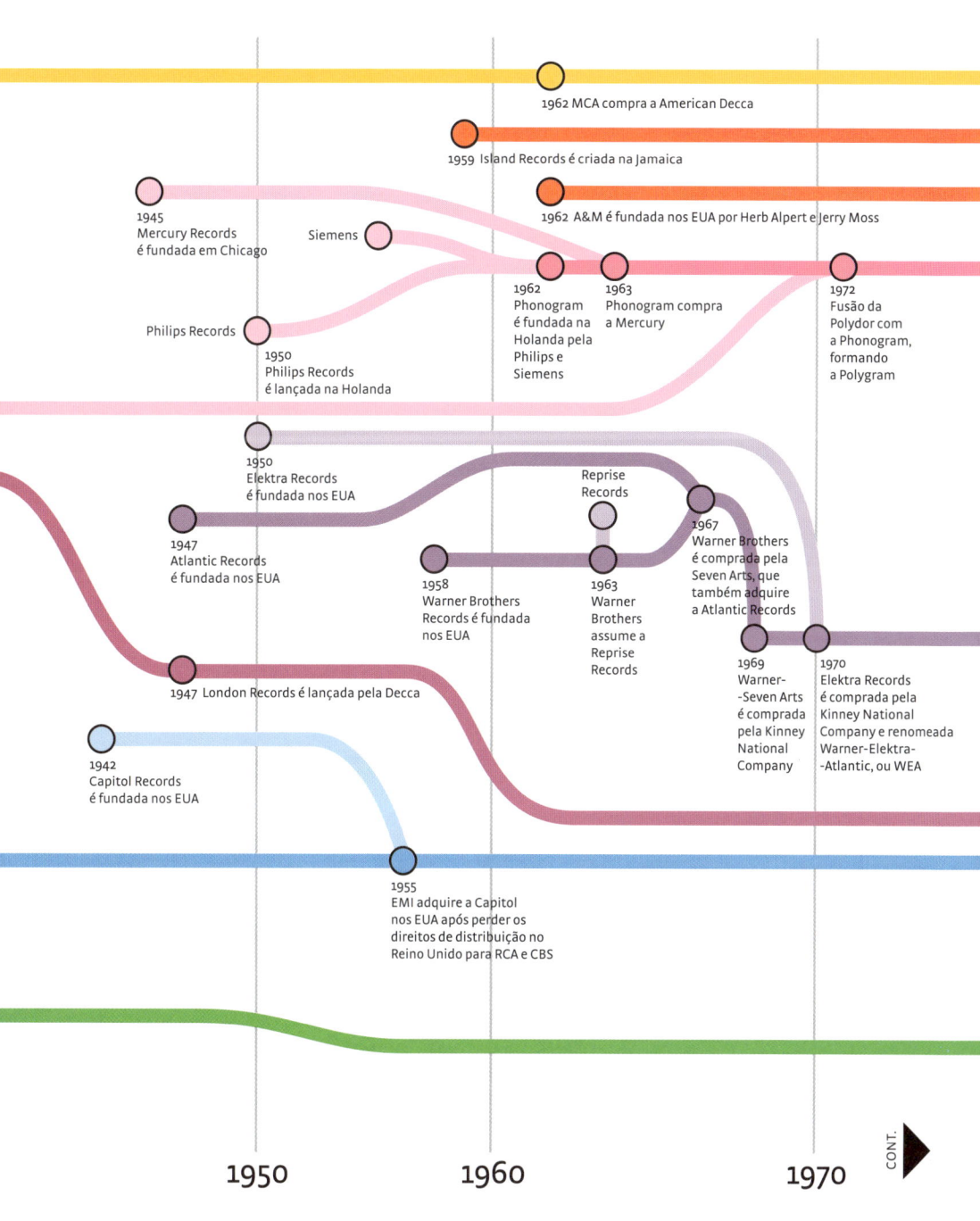

1962 MCA compra a American Decca

1959 Island Records é criada na Jamaica

1962 A&M é fundada nos EUA por Herb Alpert e Jerry Moss

1945 Mercury Records é fundada em Chicago

Siemens

1962 Phonogram é fundada na Holanda pela Philips e Siemens

1963 Phonogram compra a Mercury

1972 Fusão da Polydor com a Phonogram, formando a Polygram

Philips Records

1950 Philips Records é lançada na Holanda

1950 Elektra Records é fundada nos EUA

Reprise Records

1967 Warner Brothers é comprada pela Seven Arts, que também adquire a Atlantic Records

1947 Atlantic Records é fundada nos EUA

1958 Warner Brothers Records é fundada nos EUA

1963 Warner Brothers assume a Reprise Records

1969 Warner-Seven Arts é comprada pela Kinney National Company

1970 Elektra Records é comprada pela Kinney National Company e renomeada Warner-Elektra-Atlantic, ou WEA

1947 London Records é lançada pela Decca

1942 Capitol Records é fundada nos EUA

1955 EMI adquire a Capitol nos EUA após perder os direitos de distribuição no Reino Unido para RCA e CBS

1950   1960   1970

CONT.

15

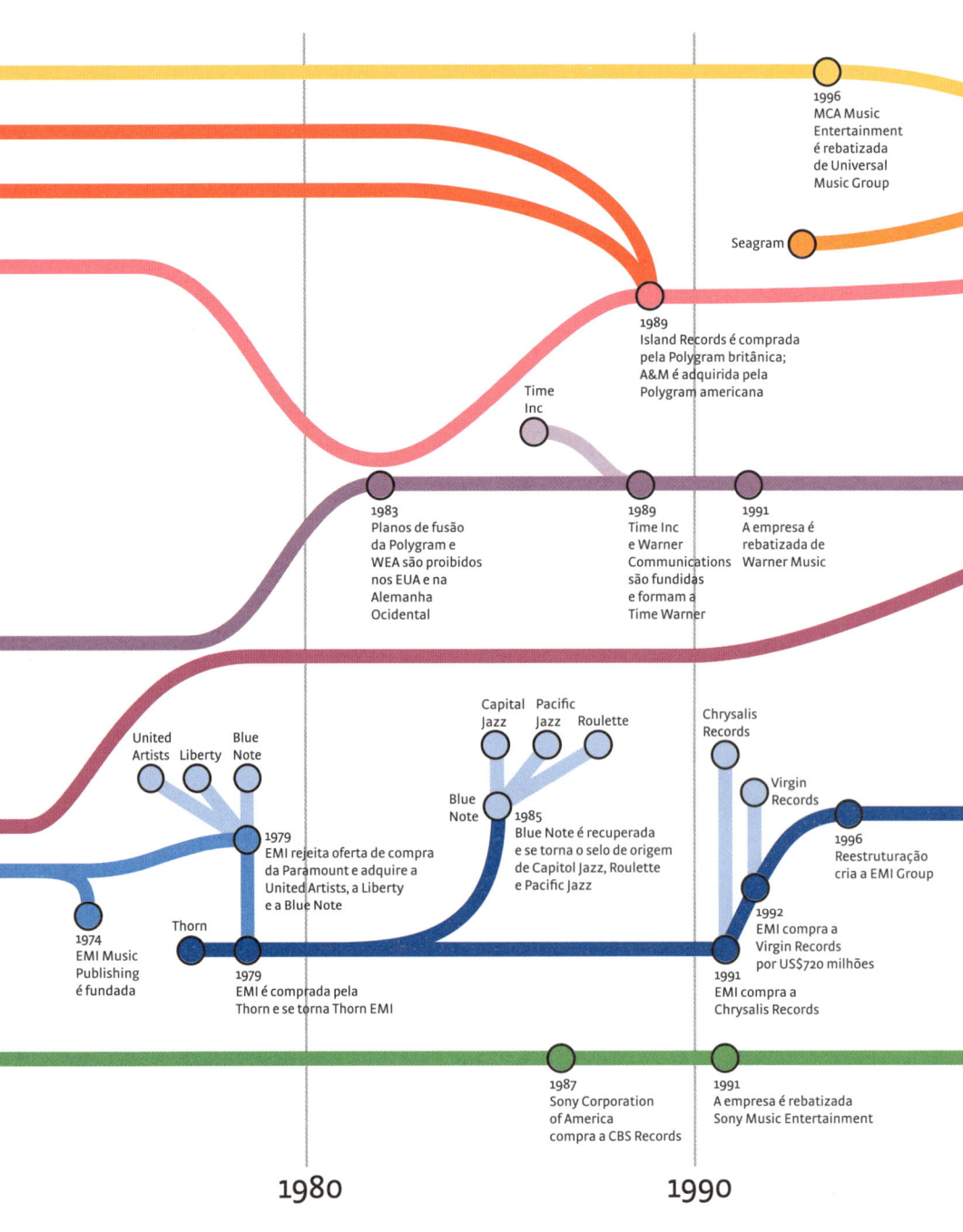

1996
MCA Music Entertainment é rebatizada de Universal Music Group

Seagram

1989
Island Records é comprada pela Polygram britânica; A&M é adquirida pela Polygram americana

Time Inc

1983
Planos de fusão da Polygram e WEA são proibidos nos EUA e na Alemanha Ocidental

1989
Time Inc e Warner Communications são fundidas e formam a Time Warner

1991
A empresa é rebatizada de Warner Music

Capital Jazz   Pacific Jazz   Roulette

Chrysalis Records

United Artists   Liberty   Blue Note

Blue Note

Virgin Records

1985
Blue Note é recuperada e se torna o selo de origem de Capitol Jazz, Roulette e Pacific Jazz

1979
EMI rejeita oferta de compra da Paramount e adquire a United Artists, a Liberty e a Blue Note

1996
Reestruturação cria a EMI Group

Thorn

1992
EMI compra a Virgin Records por US$720 milhões

1974
EMI Music Publishing é fundada

1979
EMI é comprada pela Thorn e se torna Thorn EMI

1991
EMI compra a Chrysalis Records

1987
Sony Corporation of America compra a CBS Records

1991
A empresa é rebatizada Sony Music Entertainment

1980   1990

16

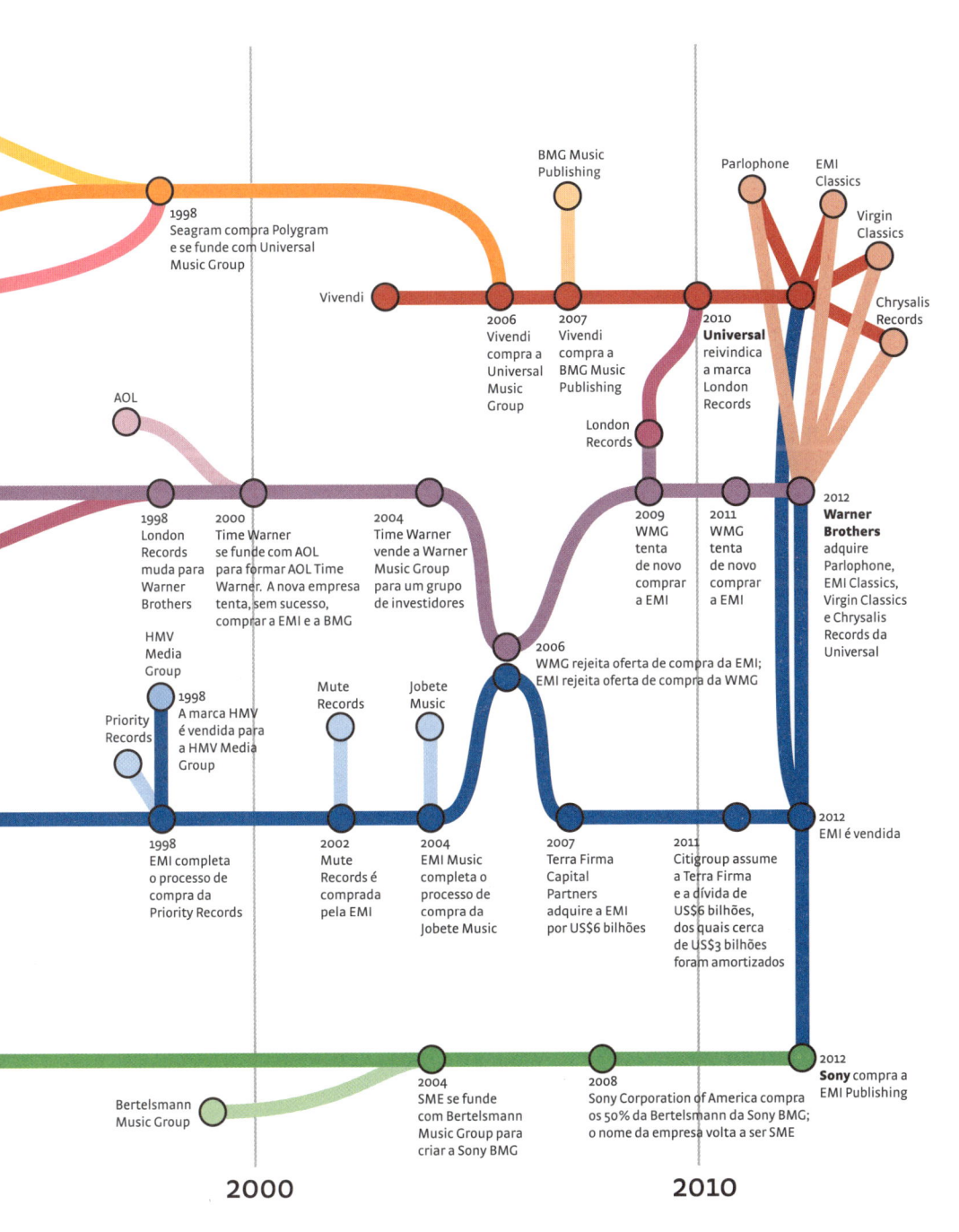

Linha do tempo: fusões e aquisições da indústria musical

1998 — Seagram compra Polygram e se funde com Universal Music Group

BMG Music Publishing

Vivendi

2006 — Vivendi compra a Universal Music Group

2007 — Vivendi compra a BMG Music Publishing

2010 — **Universal** reivindica a marca London Records

Parlophone

EMI Classics

Virgin Classics

Chrysalis Records

AOL

1998 — London Records muda para Warner Brothers

2000 — Time Warner se funde com AOL para formar AOL Time Warner. A nova empresa tenta, sem sucesso, comprar a EMI e a BMG

2004 — Time Warner vende a Warner Music Group para um grupo de investidores

London Records

2009 — WMG tenta de novo comprar a EMI

2011 — WMG tenta de novo comprar a EMI

2012 — **Warner Brothers** adquire Parlophone, EMI Classics, Virgin Classics e Chrysalis Records da Universal

2006 — WMG rejeita oferta de compra da EMI; EMI rejeita oferta de compra da WMG

HMV Media Group

Priority Records

1998 — A marca HMV é vendida para a HMV Media Group

Mute Records

Jobete Music

1998 — EMI completa o processo de compra da Priority Records

2002 — Mute Records é comprada pela EMI

2004 — EMI Music completa o processo de compra da Jobete Music

2007 — Terra Firma Capital Partners adquire a EMI por US$6 bilhões

2011 — Citigroup assume a Terra Firma e a dívida de US$6 bilhões, dos quais cerca de US$3 bilhões foram amortizados

2012 — EMI é vendida

Bertelsmann Music Group

2004 — SME se funde com Bertelsmann Music Group para criar a Sony BMG

2008 — Sony Corporation of America compra os 50% da Bertelsmann da Sony BMG; o nome da empresa volta a ser SME

2012 — **Sony** compra a EMI Publishing

2000   2010

wikipedia.org   17

O **DONUT** DO ELVIS

Por 24 anos, Elvis Presley gravou, foi ator e esteve em palcos, telas e estúdios de gravação. Veja como esses anos profissionais se configuram neste gráfico.

SHOWS AO VIVO

52 1954
327 1955
236 1956

28 1957
3 1961
57 1969

145 1970
128 1971
165 1972

146 1973
127 1974
101 1975

112 1976
59 1977

GRANULADOS = SINGLES

SESSÕES DE GRAVAÇÃO

1 cubo = 4 sessões

COBERTURA = FILMES

Essential Elvis, Peter Silverton, 2013, Rocket 88 Books, wikipedia.org

ACHTUNG **BABIES**

A solução irlandesa para a explosão populacional: todo ano em que o U2 lançava um disco, a taxa de natalidade da Irlanda caía; quando era a vez de The Corrs, a taxa subia.

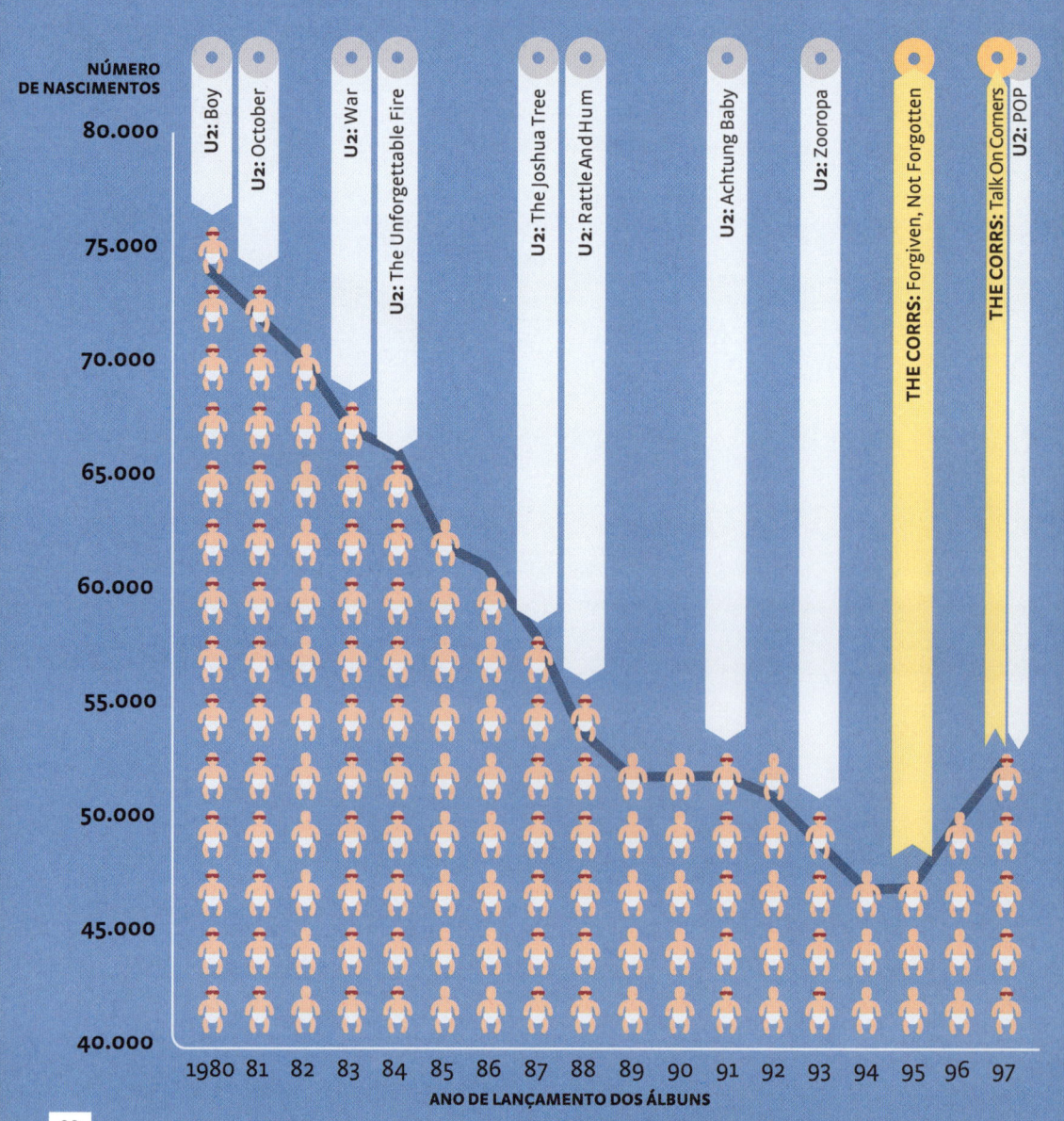

NÚMERO DE NASCIMENTOS

- U2: Boy (1980)
- U2: October (1981)
- U2: War (1983)
- U2: The Unforgettable Fire (1984)
- U2: The Joshua Tree (1987)
- U2: Rattle And Hum (1988)
- U2: Achtung Baby (1991)
- U2: Zooropa (1993)
- THE CORRS: Forgiven, Not Forgotten (1995)
- THE CORRS: Talk On Corners (1997)
- U2: POP (1997)

ANO DE LANÇAMENTO DOS ÁLBUNS

THE CORRS: In Blue
U2: All That You Can't Leave Behind

THE CORRS: Borrowed Heaven
U2: How To Dismantle An Atomic Bomb
THE CORRS: Home

U2: No Line On The Horizon

98 99 00 01 02 03 04 05 06 07 08 09 10 11 2012

ANO DE LANÇAMENTO DOS ÁLBUNS

cso.ie, wikipedia.org

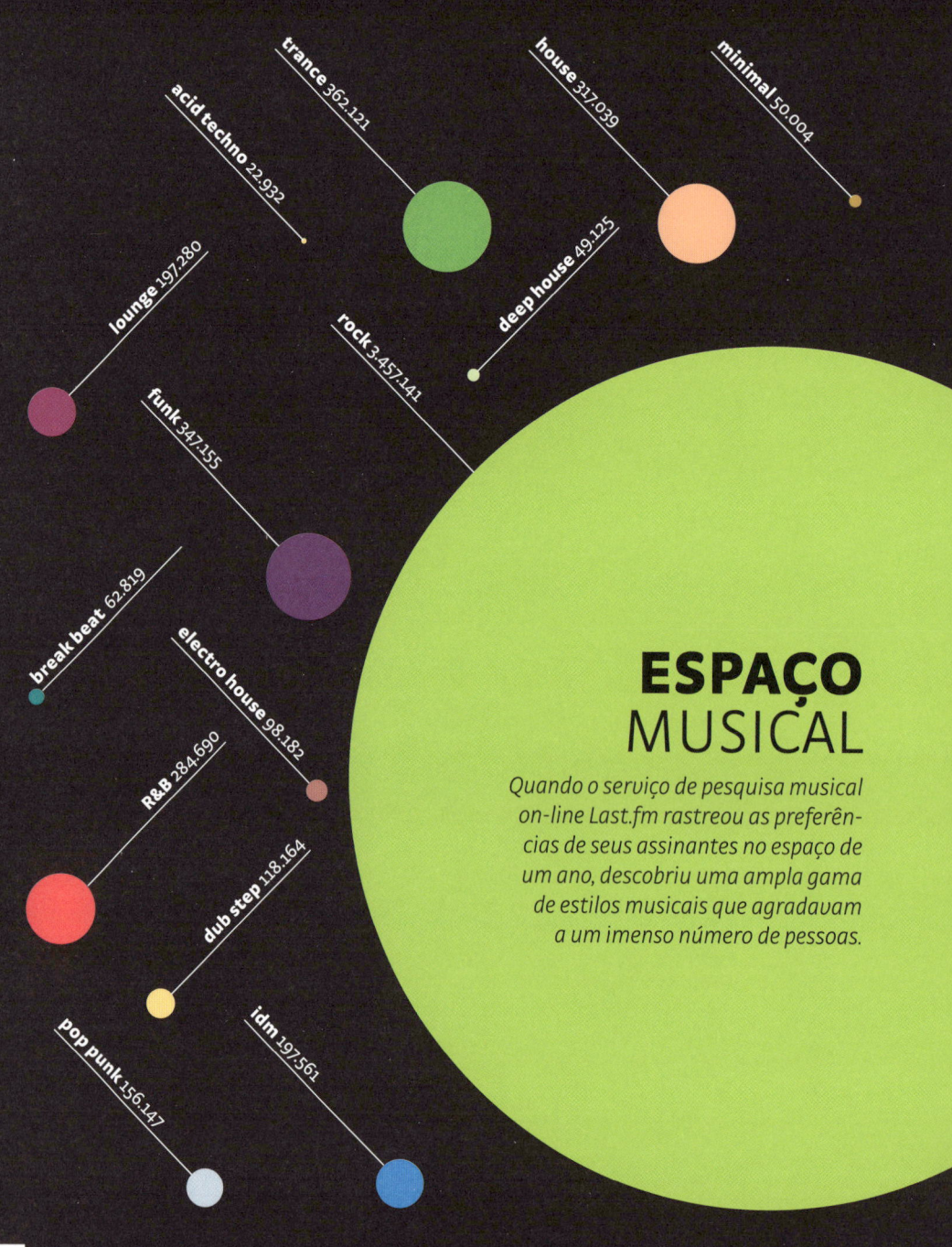

acid techno 22.932
trance 362.121
house 317.039
minimal 50.004
deep house 49.125
lounge 197.280
rock 3.457.141
funk 347.155
break beat 62.819
electro house 98.182
R&B 284.690
dub step 118.164
pop punk 156.147
idm 197.561

ESPAÇO
MUSICAL

Quando o serviço de pesquisa musical on-line Last.fm rastreou as preferências de seus assinantes no espaço de um ano, descobriu uma ampla gama de estilos musicais que agradavam a um imenso número de pessoas.

ambiente 782.832
drum and bass 166.408
techno 292.954
jazz 948.294
rap 425.754
hip-hop 701.843
blues 444.083
hard rock 682.430
country 278.029
pop 1.582.694
reggae 345.000
chillout 568.436
downtempo 275.300

LastFM.com

A ALTURA DO SUCESSO

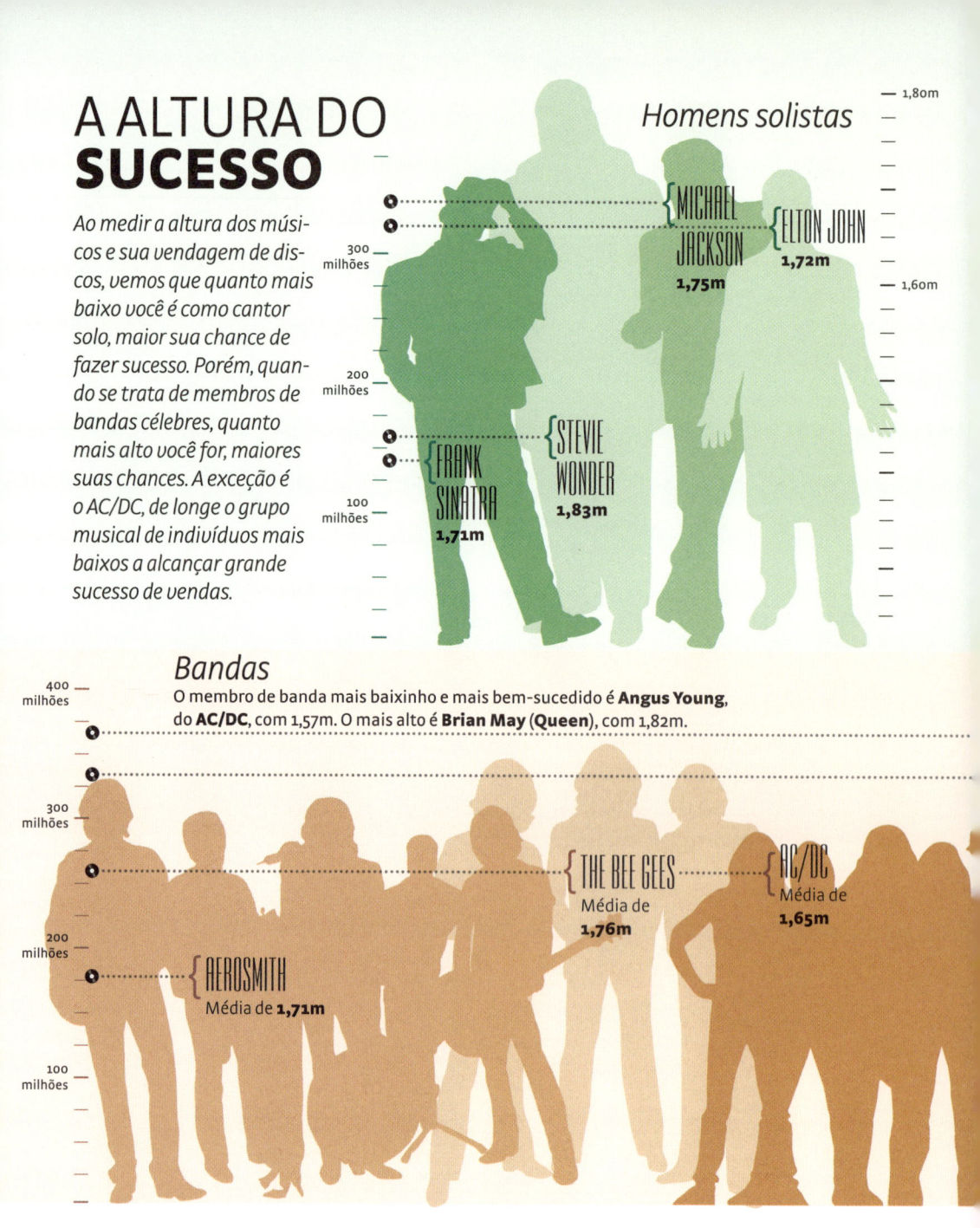

Ao medir a altura dos músicos e sua vendagem de discos, vemos que quanto mais baixo você é como cantor solo, maior sua chance de fazer sucesso. Porém, quando se trata de membros de bandas célebres, quanto mais alto você for, maiores suas chances. A exceção é o AC/DC, de longe o grupo musical de indivíduos mais baixos a alcançar grande sucesso de vendas.

Homens solistas

- MICHAEL JACKSON — 1,75m
- ELTON JOHN — 1,72m
- FRANK SINATRA — 1,71m
- STEVIE WONDER — 1,83m

Bandas

O membro de banda mais baixinho e mais bem-sucedido é **Angus Young**, do **AC/DC**, com 1,57m. O mais alto é **Brian May** (**Queen**), com 1,82m.

- THE BEE GEES — Média de **1,76m**
- AC/DC — Média de **1,65m**
- AEROSMITH — Média de **1,71m**

Mulheres solistas

A menor e mais bem-sucedida artista solo é **Madonna**; o mais alto é **Michael Jackson** (ele é 8cm mais baixo que **Stevie Wonder**, mas vendeu quase o dobro de discos).

- 400 milhões
- 300 milhões
- 200 milhões
- 100 milhões

MADONNA 1,65m
MARIAH CAREY 1,75m
CELINE DION 1,70m
WHITNEY HOUSTON 1,73m
RIHANNA 1,73m
LADY GAGA 1,55m

THE BEATLES Média de **1,73m**

QUEEN Média de **1,80m**

wikipedia.org, google.com

O QUE OS **ZZ TOP** TÊM NA CABEÇA?

O trio texano gravou e lançou 162 músicas em quinze álbuns de estúdio feitos entre 1971 e 2012. Analisando os temas das canções, vemos que suas principais linhas de pensamento são estas aqui.

TEMA	NÚMERO DE MÚSICAS	% DO TOTAL
mulheres e/ou sexo	74	46
viagem e/ou carros	27	17
o blues	9	5,6
álcool e/ou comida	9	5,6
dinheiro	6	3,6
amores perdidos	6	3,6
jogo	4	2,5
festas/clubes	3	1,9
vida criminosa	2	1,2
outros (monstros, envelhecimento, vida boêmia, vizinhos, o tempo, drogas, o Demônio, homossexualidade na prisão, pecado, ursinhos, roupas, concreto e aço, almofadas de alfinetes, surfe, lagartos, Vincent Price, medo, religião, estupidez, o licor Chartreuse, acalmar-se)	21	13

EM BUSCA DA
TERRA PROMETIDA

Poison
Bell Biv Devoe

Reno
Folsom Prison Blues
Johnny Cash

If You're Going To
San Francisco
Scott McKenzie

Marin County
San Quentin
Johnny Cash

Atomic City
Holly Johnson

Boulder
To Birmingham
Emmylou Harris

Wichita
Lineman
Glen Campbell

(Sittin' On) The
Dock Of The **Bay**
Otis Redding

Oakland
Stroke
Tony, Toni, Toné

Green River
Creedence Clearwater Revival

Sausalito
Conor Oberst

Viva
Las Vegas
Elvis Presley

Santa Fe
Hit Me With Your Rhythm Stick
Ian Dury

Do You
Know The
Way To
San Jose
Dionne Warwick

29 Palms
Robert Plant

Is This The Way To
Amarillo
Tony Christie

Streets Of
Bakersfield
Buck Owens

Albuquerque

Dallas
The Flatlanders

Los Angeles

By The Time I Get To
Phoenix
Glenn Campbell

Austin
Texas Cookin'
Guy Clark

Houston

A música The Promised Land ["A terra prometida"] (1964), de Chuck Berry, cita vários lugares dos EUA, de costa a costa. Diversas outras cidades, vilas, enseadas, rios, pontes e portos do país também foram imortalizados em canções. Aí vai um mapa de uma grande viagem musical pela "América".

Map of US Songs

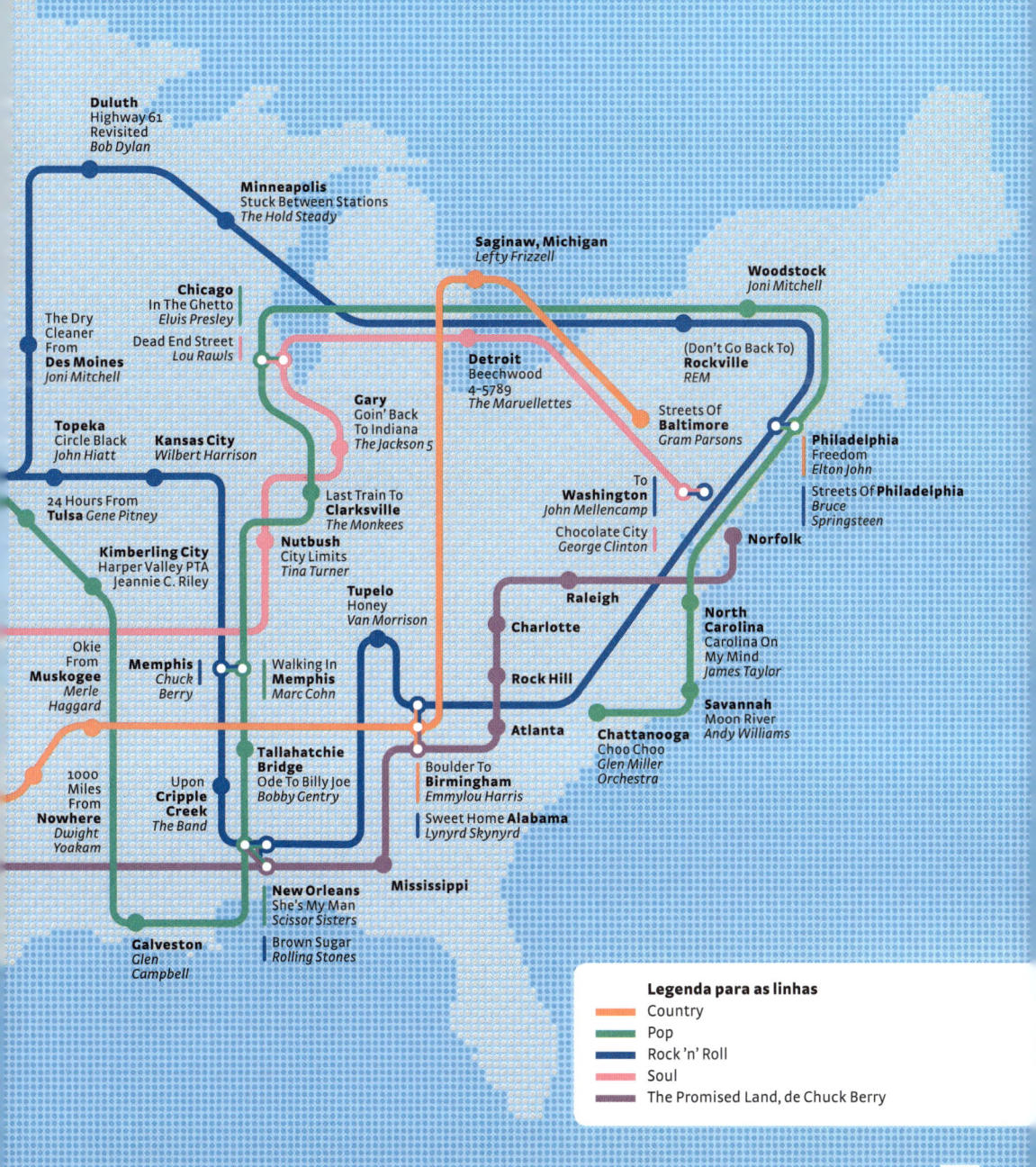

Duluth
Highway 61 Revisited
Bob Dylan

Minneapolis
Stuck Between Stations
The Hold Steady

Saginaw, Michigan
Lefty Frizzell

Woodstock
Joni Mitchell

Chicago
In The Ghetto
Elvis Presley

Dead End Street
Lou Rawls

The Dry Cleaner From **Des Moines**
Joni Mitchell

Detroit
Beechwood 4-5789
The Marvellettes

(Don't Go Back To) **Rockville**
REM

Gary
Goin' Back To Indiana
The Jackson 5

Streets Of **Baltimore**
Gram Parsons

Philadelphia
Freedom
Elton John

Topeka
Circle Black
John Hiatt

Kansas City
Wilbert Harrison

To **Washington**
John Mellencamp

Streets Of **Philadelphia**
Bruce Springsteen

24 Hours From **Tulsa** *Gene Pitney*

Last Train To **Clarksville**
The Monkees

Chocolate City
George Clinton

Norfolk

Kimberling City
Harper Valley PTA
Jeannie C. Riley

Nutbush City Limits
Tina Turner

Tupelo Honey
Van Morrison

Raleigh

Charlotte

North Carolina
Carolina On My Mind
James Taylor

Okie From **Muskogee**
Merle Haggard

Memphis
Chuck Berry

Walking In **Memphis**
Marc Cohn

Rock Hill

Atlanta

Savannah
Moon River
Andy Williams

1000 Miles From Nowhere
Dwight Yoakam

Upon **Cripple Creek**
The Band

Tallahatchie Bridge
Ode To Billy Joe
Bobby Gentry

Boulder To **Birmingham**
Emmylou Harris

Chattanooga Choo Choo
Glen Miller Orchestra

Sweet Home **Alabama**
Lynyrd Skynyrd

New Orleans
She's My Man
Scissor Sisters

Mississippi

Galveston
Glen Campbell

Brown Sugar
Rolling Stones

Legenda para as linhas
- Country
- Pop
- Rock 'n' Roll
- Soul
- The Promised Land, de Chuck Berry

29

O **CLUBE DOS 27** E OUTROS

O Clube dos 27 é formado pelos músicos que morreram nessa idade. Mas o agourento 13 responde apenas por uma pequena parte do paraíso dos músicos.

INSTRUMENTO

- vocal
- bateria
- guitarra
- trompete
- piano
- saxofone
- baixo

ANO DE NASCIMENTO: 1900 – 1990

IDADE DA MORTE: 17 18 19 20 21 22 23 24 25 26 27

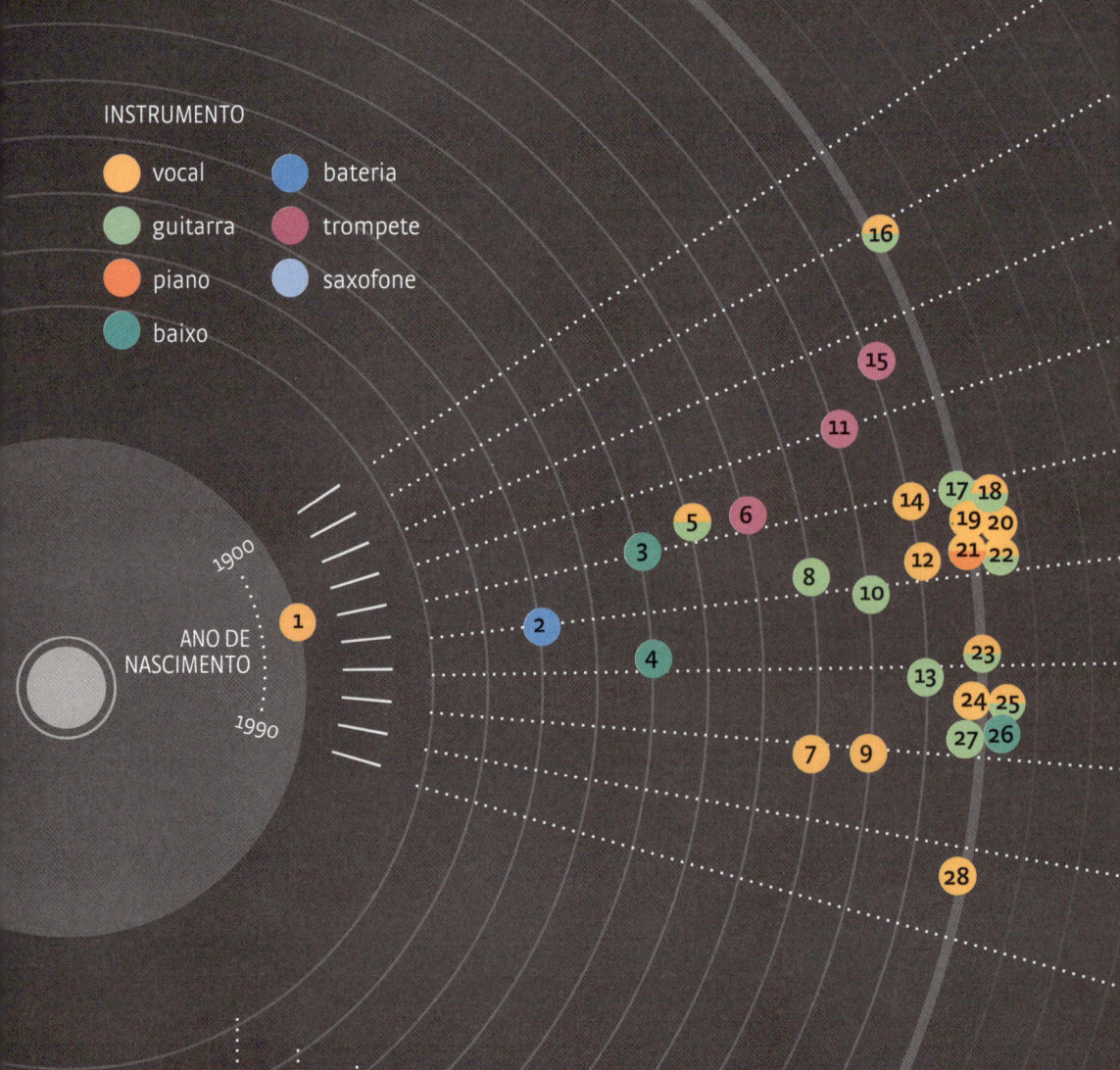

MEMBROS

1. Ritchie Valens
2. Martin Lamble
3. Stuart Sutcliffe
4. Sid Vicious
5. Buddy Holly
6. Booker Little
7. The Notorious B.I.G.
8. Duane Allman
9. Tupac Shakur
10. Paul Kossoff
11. Clifford Brown
12. Gram Parsons
13. Hillel Slovak
14. Otis Redding
15. Fats Navarro
16. Robert Johnson
17. Brian Jones
18. Jimi Hendrix
19. Janis Joplin
20. Jim Morrison
21. Ron 'Pigpen' McKernan
22. Pete Ham
23. D. Boon
24. Mia Zapata
25. Kurt Cobain
26. Kristen Pfaff
27. Richey Edwards
28. Amy Winehouse
29. The Big Bopper
30. Tim Buckley
31. Steve Gaines
32. Ronnie Van Zant
33. Cassie Gaines
34. Hank Williams
35. Patsy Cline
36. Jeff Buckley
37. Sandy Denny
38. Magic Sam
39. Guitar Slim
40. Mama Cass Elliott
41. Keith Moon
42. John Bonham
43. Sam Cooke
44. Charlie Parker
45. Elliott Smith

QUEM **COMPÕE** A MÚSICA?

Estes são os compositores mais bem-sucedidos das últimas seis décadas, com suas canções mais conhecidas e a soma de unidades vendidas de toda a obra.

Maior sucesso
vendas estimadas
Compositores

Elvis Presley – Jailhouse Rock
80 milhões
Jerry Leiber/Mike Stoller

Dion & The Belmonts – A Teenager In Love
100 milhões
Doc Pomus/Mort Shuman

The Everly Brothers – Wake Up Little Susie
200 milhões
Felice Bryant/Boudleaux Bryant

The Beatles – Yesterday
1,5 bilhão
John Lennon/Paul McCartney

The Supremes – Baby Love
150 milhões
Brian Holland/Lamont Dozier/Eddie Holland

The Rolling Stones – (I Can't Get No) Satisfaction
200 milhões
Mick Jagger/Keith Richards

Neil Sedaka – Breaking Up Is Hard to Do
100 milhões
Neil Sedaka/Howard Greenfield

The Shirelles – Will You Love Me Tomorrow
100 milhões
Gerry Goffin/Carole King

Righteous Brothers – You've Lost That Lovin' Feelin'
150 milhões
Cynthia Weil/Barry Mann/Phil Spector

The Shangri-Las – Leader Of The Pack
150 milhões
Jeff Barry/Ellie Greenwich

Marvin Gaye – I Heard It Through The Grapevine
75 milhões
Norman Whitfield/Barrett Strong

Elton John – Candle In The Wind
300 milhões
Elton John/Bernie Taupin

The O'Jays – Love Train
150 milhões
Kenny Gamble/Leon Huff

Década de 1950 | Década de 1960 | Década de 1970

The Stylistics – You Are Everything	Pink Floyd – Another Brick In The Wall
100 milhões	**250 milhões**
Thom Bell/Linda Creed	Roger Waters

ABBA – Waterloo	The Bee Gees – Night Fever
150 milhões	**250 milhões**
Benny Andersson/Bjorn Ulvaeus	Barry Gibb/Maurice Gibb/Robin Gibb

Bryan Adams – Everything I Do (I Do It For You)	The Eurythmics – Sweet Dreams
100 milhões	**75 milhões**
Bryan Adams/Michael Kamen/Robert Lange	Dave Stewart/Annie Lennox

Toni Braxton – Un-break My Heart	Boyz II Men – The End Of The Road
200 milhões	**75 milhões**
Diane Warren	Kenneth Edmonds/L.A. Reid/Daryl Simmons

Backstreet Boys – Quit Playing Games	Katy Perry – Firework
100 milhões	**100 milhões**
Max Martin/Herbie Crichlow	Mikkel S. Eriksen/Tor Erik Hermansen/Katy Perry/Sandy Wilhelm/Ester Dean

Katy Perry – I Kissed A Girl	Snoop Dogg – Drop It Like It's Hot
100 milhões	**75 milhões**
Lukasz Gottwald/Max Martin/Katy Perry/Cathy Dennis	Chad Hugo/Pharrell Williams/Calvin Broadus/Tim Stahl/John Guldberg

Britney Spears – Oops!... I Did It Again	Rihanna – Umbrella
75 milhões	**100 milhões**
Max Martin/Rami Yacoub	Christopher Stewart/Terius Nas/Thaddis Harrell/Shawn Carter

Década de 1980 | Década de 1990 | Década de 2000

DANÇANDO COM JAMES BROWN

O verdadeiro operário do show business, o Sr. Entretenimento, James Brown, o Poderoso Chefão do Soul, colocou muito dele e de seus sentimentos em sua música. Veja o quanto ele usou:

Like getting up 18%
(pôr-se para cima)

Black & proud 12%
(ter orgulho negro)

Like getting down 12%
(pôr-se para baixo)

Good 10%
(ser bom)

Too funky 9%
(funky demais)

Like getting up offa that thing 6%
(pendurar-se)

Like a sex machine 5%
(como uma máquina de sexo)

Like doing it to death 5%
(fazer até a morte)

Like getting some 4%
(se dar bem)

Like a man 4%
(como um homem)

Real 3%
(ser real)

Like hell down here 3%
(tentar melhorar de vida)

Outta sight 2,5%
(sumir de vista)

Like super bad 2%
(ser supermau)

In a cold sweat 2%
(suar frio)

Like bringing it on 1%
(mandar ver)

Like a baby 1%
(como um bebê)

Like talkin' loud and
sayin' nothing 0,5%
(falar alto sem dizer nada)

TÍTULO DO LP – DATA DE LANÇAMENTO

DISCOS | FAIXAS | FAIXA MAIS CURTA | FAIXA MAIS LONGA | TEMPO TOTAL | COVERS

1977-1986 THE CLASH

The Clash – 1977
1 | 14 | 1:34 | 6:01 | 35:18 | 1

Give 'Em Enough Rope – 1978
1 | 10 | 2:35 | 5:14 | 36:57 | 1

London Calling – 1979
2 | 19 | 1:46 | 5:37 | 65:07 | 3

Sandinista! – 1980
3 | 36 | 1:41 | 5:45 | 144.09 | 4

Black Market Clash – 1980
1 | 9 | 2:06 | 7.00 | 34:37 | 4

Combat Rock – 1982
1 | 12 | 2:32 | 5:30 | 46:21 | 0

BATERIA | VOCAL/GUITARRA | GUITARRA | BAIXO | TECLADO 1979-1982

6 álbuns de estúdio em 5 anos + 1 depois da saída de membro-fundador + 2 álbuns ao vivo lançados anos depois de a banda deixar de existir. Foram lançadas 7 compilações entre 1988 e 2013 e 4 caixas comemorativas entre 1991 e 2013.

SAÍDA DO MEMBRO-FUNDADOR MICK JONES

Cut The Crap – 1985
1 | 12 | 2:39 | 3:49 | 38:21 | 0

TERMINOU EM 1986 (NUNCA VOLTOU)

ÁLBUNS AO VIVO

From Here To Eternity: Live – 1999
1 | 17 | 1:43 | 7:24 | 57:68 | 2

Live At Shea Stadium – 2008
1 | 16 | 1:10 | 4:06 | 49:05 | 4

O PUNK NÃO MORREU – NEM O ROCK PROGRESSIVO...

Quando o punk surgiu na cena musical do Reino Unido em 1976, os principais nomes do movimento, como The Clash, definiam sua música como a antítese do rock progressivo, pretensioso, pomposo, de bandas como Yes. Anos depois que a poeira baixou, veja a comparação entre o legado de gravações das duas bandas.

TÍTULO DO LP – DATA DE LANÇAMENTO

DISCOS | FAIXAS | FAIXA MAIS CURTA | FAIXA MAIS LONGA | TEMPO TOTAL | COVERS

YES 1969-1981

BATERIA | VOCAL | GUITARRA | BAIXO | TECLADO

9 álbuns de estúdio em 9 anos + 1 depois da saída de membro-fundador + 2 álbuns ao vivo enquanto a banda ainda existia.

Foram lançadas 9 compilações entre 1975 e 2007 e 8 caixas comemorativas entre 1991 e 2013.

Yes – 1969
1 | 8 | 2:53 | 6:54 | 41:17 | 2

Time And A Word – 1970
1 | 8 | 2:06 | 6:34 | 40:06 | 2

The Yes Album – 1971
1 | 6 | 3:17 | 9:41 | 41:44 | 0

Fragile – 1971
1 | 9 | 0:35 | 11:27 | 41:11 | 1

Close To The Edge – 1972
3 | 8:55 | 18:43 | 37:51 | 0

Tales From Topographic Oceans – 1973
2 | 4 | 18:35 | 21:37 | 81:15 | 0

Relayer – 1974
1 | 3 | 9:06 | 21:50 | 40:30 | 0

Going For The One – 1977
1 | 5 | 3:49 | 15:31 | 38:49 | 0

Tomato – 1978
1 | 8 | 2:25 | 7:47 | 41:35 | 0

SAÍDA DO MEMBRO-FUNDADOR JON ANDERSON

Drama – 1980
1 | 6 | 1:21 | 10:27 | 36:55 | 0

TERMINOU EM 1981 (VOLTOU EM 1983)

ÁLBUNS AO VIVO

Yessongs – 1973
3 | 13 | 2:53 | 18:13 | 129:55 | 1

Yesshows – 1980
2 | 10 | 3:54 | 22:40 | 78:54 | 1

INGRESSO
INDISPONÍVEL

Esta distribuição de ingressos para um show de um grande astro em 2013, em local capaz de abrigar 14 mil pessoas, revela por que fãs que não têm o cartão de crédito "certo" não conseguem os melhores ingressos e por que quem não é membro do fã-clube dificilmente descola um lugar.

Fã-clube: 21% (3 mil ingressos)

shawconnect.ca/money/features/economics_of_sold_out_concerts, aei-ideas.org

Empresas de cartão de crédito/patrocinadores: 43% (6 mil ingressos)

Promoção do artista: 19% (2.600 ingressos)

Venda geral: 7% (1 mil ingressos)

Ingressos VIP ou Platinum: 6% (900 ingressos)

Venda de última hora por agência: 4% (500 ingressos)

LINHA DA VIDA DE MJ

Michael Jackson assinou seu primeiro contrato com gravadora aos 10 anos e estreou com um álbum solo aos 13. Ao morrer, com 50 anos, tinha dez álbuns solo lançados e mais de 200 milhões de discos vendidos. Eis a linha da vida de suas vendas.

1972
GOT TO BE THERE
3.200.000

1972
BEN
5.000.000

1979
OFF THE WALL
20.000.000

1982
THRILLER
65.000.000

1987
BAD
45.000.000

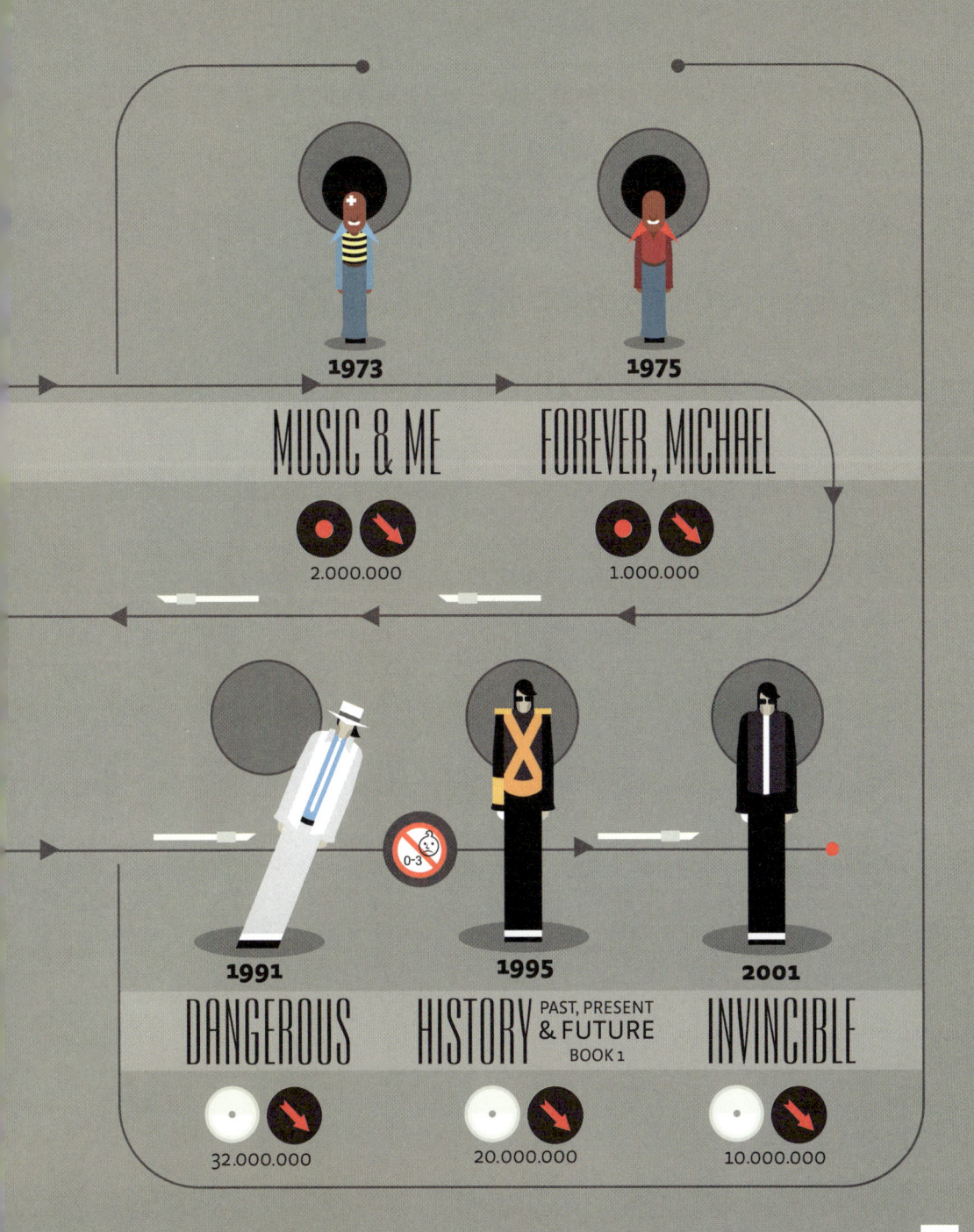

1973

MUSIC & ME
2.000.000

1975

FOREVER, MICHAEL
1.000.000

1991

DANGEROUS
32.000.000

1995

HISTORY PAST, PRESENT & FUTURE BOOK 1
20.000.000

2001

INVINCIBLE
10.000.000

A **CHAVE** DE OURO

Os grandes compositores clássicos em geral criaram obras cujos som, forma e tom fugiam da norma vigente à época. Muitos tinham preferência por uma determinada tonalidade ao compor. Acompanhe as cores que representam o percentual de uso dessa tonalidade preferencial na música de cada mestre.

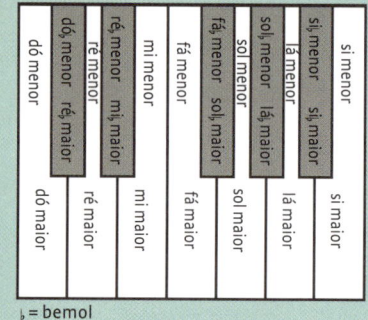

dó menor	ré♭ menor / dó# maior	ré menor	mi♭ menor / ré# maior	mi menor	fá menor	fá# menor / sol♭ maior	sol menor	lá♭ menor / sol# maior	lá menor	si♭ menor / lá# maior	si menor
dó maior		ré maior		mi maior	fá maior		sol maior		lá maior		si maior

♭ = bemol

0% 5% 10% 15% 20%

JOHANN SEBASTIAN BACH
sol maior 11,8%

LUDWIG VAN BEETHOVEN
mi♭ maior 17,3%

JOHANNES BRAHMS
lá menor 8,3%

ANTONIN DVORAK
sol menor 9,5%

O tom menos usado foi sol# menor. Quem mais usou esse tom foi Brahms, em só 1,5% de suas composições.
= sustenido

JOSEPH HAYDN
ré maior 23,2%

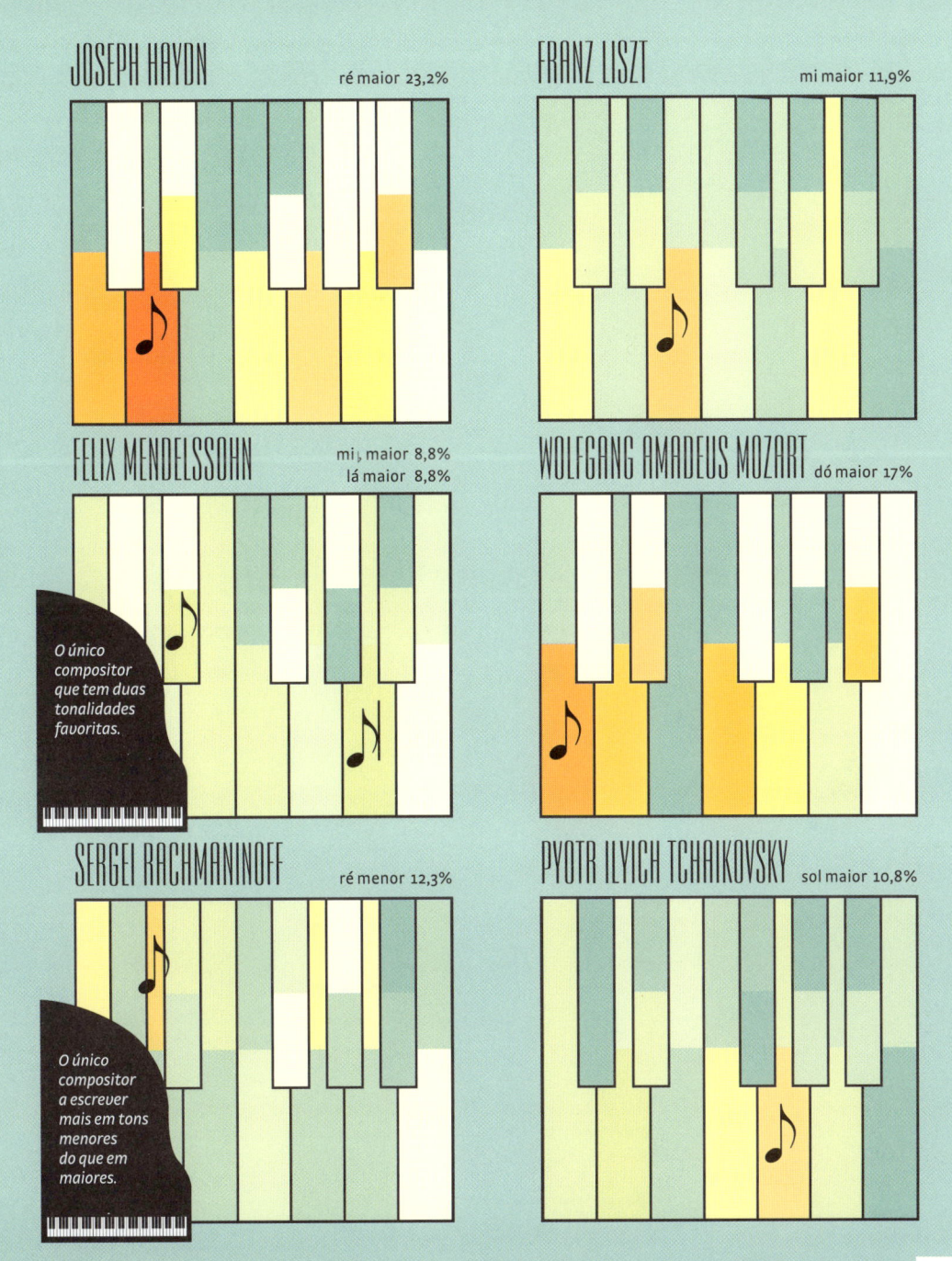

FRANZ LISZT
mi maior 11,9%

FELIX MENDELSSOHN
mi♭ maior 8,8%
lá maior 8,8%

O único compositor que tem duas tonalidades favoritas.

WOLFGANG AMADEUS MOZART
dó maior 17%

SERGEI RACHMANINOFF
ré menor 12,3%

O único compositor a escrever mais em tons menores do que em maiores.

PYOTR ILYICH TCHAIKOVSKY
sol maior 10,8%

imslp.org/wiki/, vizual-statistix.tumblr.com/post/45433062615/for-this-visualization-ive-used-the-same-data-as

FOI BOM MUDAR DE **EMPREGO**

Assim como os atores, muitos astros do rock começaram com empregos comuns antes de ficarem famosos. Veja o que alguns roqueiros célebres ganhariam se tivessem continuado em sua primeira ocupação, mesmo sendo promovidos.

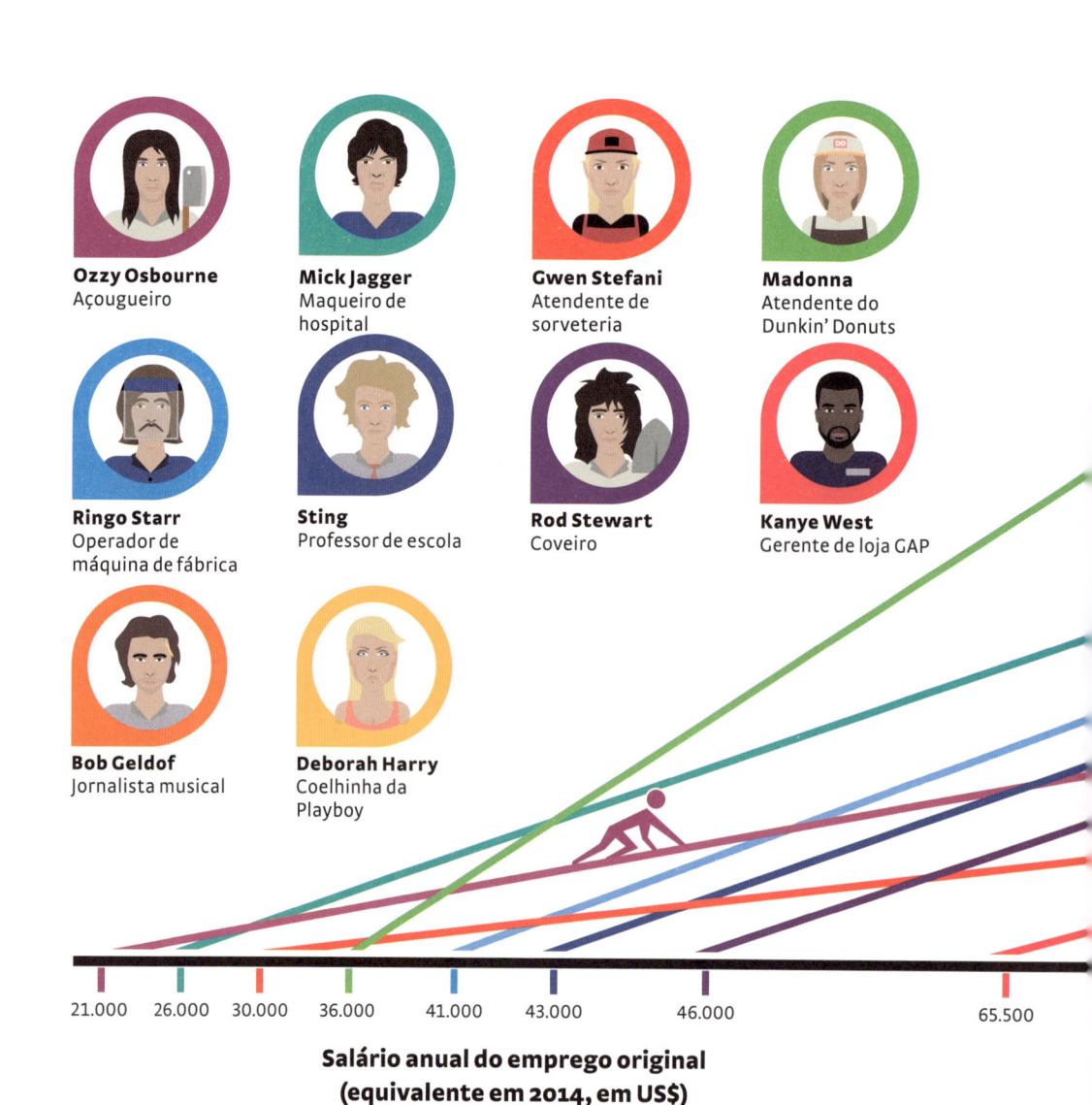

Ozzy Osbourne
Açougueiro

Mick Jagger
Maqueiro de hospital

Gwen Stefani
Atendente de sorveteria

Madonna
Atendente do Dunkin' Donuts

Ringo Starr
Operador de máquina de fábrica

Sting
Professor de escola

Rod Stewart
Coveiro

Kanye West
Gerente de loja GAP

Bob Geldof
Jornalista musical

Deborah Harry
Coelhinha da Playboy

21.000   26.000   30.000   36.000   41.000   43.000   46.000   65.500

**Salário anual do emprego original
(equivalente em 2014, em US$)**

Patrimônio atual estimado (em US$)

- 657 milhões
- 312 milhões
- 300 milhões
- 274 milhões
- 220 milhões
- 144,5 milhões
- 100,16 milhões
- 81,3 milhões
- 52,5 milhões
- 16,4 milhões

Salário anual do emprego original (equivalente em 2014, em US$)

- 79.000
- 90.000

wikipedia.org, celebritynetworth.com

SEM ELVIS, BEATLES OU **STONES**

A partir do século XXI, o modo de consumir música mudou radicalmente, assim como o grupo de estrelas mais requisitadas para shows. Hoje, os astros da música pop do século passado nem aparecem nas listas de vendas.

ARTISTA	PAÍS	POPULAÇÃO
Britney Spears	EUA	314,0 milhões
Hikaru Utada	Japão	127,3 milhões
Adele	Reino Unido	64,1 milhões
Rammstein	Alemanha	80,5 milhões
David Guetta	França	66,0 milhões
Tiziano Ferro	Itália	59,5 milhões
Shania Twain	Canadá	35,16 milhões
Delta Goodrem	Austrália	23,1 milhões
David Bisbal	Espanha	47,27 milhões
André Rieu	Holanda	16,8 milhões
Lasgo	Bélgica	11,0 milhões
Robyn	Suécia	9,5 milhões
Show Luo	Taiwan	23,0 milhões
Faye Wong	Hong Kong	7,0 milhões
Rihanna	Barbados	0,284 milhão

LEGENDA █ = 10 MILHÕES

DISCOS VENDIDOS	VENDAS DE MÚSICA NO PAÍS (em milhões de US$)	GASTO MÉDIO POR PESSOA (em US$)	
▌▌▌▌▌▌▌▌▌▌	4.481,80	COMPRE	14,13
▌▌▌▌	4.422,00	COMPRE	34,95
▌▌▌▖	1.325,80	COMPRE	21,04
▌▌▌	1.297,90	COMPRE	16,12
▌▌	907,60	COMPRE	13,75
▌	217,50	COMPRE	3,65
▌▌▌▌▌▌▌▌	453,50	COMPRE	13,53
▌▌	507,40	COMPRE	21,96
▌	166,60	COMPRE	3,56
▌▌▌	216,30	COMPRE	12,87
▌	121,50	COMPRE	11,04
▌	176,70	COMPRE	18,61
▖	56,00	COMPRE	2,43
▌	37,00	COMPRE	5,25
▌▌▌▌▌▌▌▌▌▌▌▌▌▌▌▌▌	–	COMPRE	–

47

Witchfinder General, Fates Warning, Possessed, Moonspell, Darkest Hour, White Zombie, Angel Witch, Burning Witch, Black Mass, Heathen Tomb, Coven, Pagan Altar, Pentagram, Stormwitch

Kiss, Cinderella, Twisted Sister, Girlschool, My Dying Bride, Satyricon, Vixen, White Sister

MAGIA NEGRA

GAROTAS MALVADAS

Black Sabbath, Judas Priest, Helloween, Death Angel, Candlemass, Cathedral, Sodom, Testament, Paradise Lost, Godflesh, Faith No More, Lamb of God, God Smack, God Forbid, Exodus, Meshuggah, St Vitus, Pantera, Sign Of The Beast, Babylon, Nazareth, Stryper

ÉPICOS BÍBLICOS

Metallica, Diamond Head, Tokyo Blade, Machine Head, Biohazard, Fear Factory, Tool, Rage Against The Machine, System Of A Down, Coal Chamber, Extreme Noise Terror, Anvil

MÁQUINAS PESADAS

Repulsion, Unleashed, Anathema, Hatebreed, Mayhem, Enslaved, Disturbed, Savatage, Winger, Warrant, Korn, Prong, Borknagar, Overdose, Quireboys

IDEIA ÚNICA

Quiet Riot, Celtic Frost, Limp Bizkit, Guns N' Roses, Brutal Truth, Arch Enemy, In Flames, Shadows Fall, Suicidal Tendencies, Skid Row, Anal Apocalypse, Cradle Of Filth, Mercyful Fate, Metal Church, Hanoi Rocks, Primal Fear

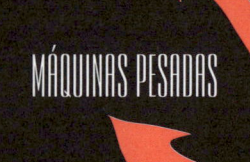

BOAS COMBINAÇÕES

O NOME DO **METAL**

A maior parte dos nomes de bandas de heavy metal tem um ponto de partida comum, mas há diferenças sutis e simbólicas nos diferentes estilos de metal, e elas influem na decisão de escolher o nome. Deuses ou assassinos? Iniciais ou uma palavra só? Ego ou morte?

ANIMAIS
Steppenwolf, Scorpions, Whitesnake, Ratt, Therion, Wolfmother, Def Leppard, Bengal Tigers, Tygers of Pan Tang, Goatsnake, Black Widow, Iron Butterfly, Cancer Bats, British Lions, Mastodon, Raven, White Wolf, Wild Dogs

ASSASSINOS
Cephalic Carnage, Slayer, Bathory, Dismember, Immolation, Killswitch Engage, Venom, Poison, Anthrax, Napalm Death, Stormtroopers Of Death, Nuclear Assault, Slipknot, Death From Above, Drowning Pool, Lawnmower Deth, Black Death, Killer Dwarfs

COISAS GRANDES
Led Zeppelin, Mountain, Europe, Megadeth, Nuclear Assault, Kreator, Destruction, Emperor, Aerosmith, The Darkness, Trouble

INICIAIS
UFO, AC/DC, W.A.S.P., Static-X, Symphony-X, MGMT, +44, Kings-X, KMFDM, ZZ Top

TEMAS MÓRBIDOS
Death, Morbid Angel, Dark Angel, Children Of Bodom, Overkill, Coroner, Autopsy, Type O Negative, Carcass, Grave, Entombed, Exhumed, Sepultura, Obituary, Sarcófago, At The Gates, Cannibal Corpse, Necrophobic, Dying Fetus, Dark Tranquility, Unearth, Gore Hearse, All That Remains, Gorefest, Funeral For A Friend

DEUSES E GUERREIROS
Saxon, Iron Maiden, Manowar, HammerFall, Hellhammer, Gogoroth, Darkthrone, Burzum, Deicide, Tiamat, Voivod, Chimaira, Dragonforce, Agathodaimon, Loki, Odin's Beard, Thor, Avenged Sevenfold

COLORIDOS
Blue Cheer, Deep Purple, Blue Oyster Cult, Rainbow, Evergrey, Crimson Glory, Great White

GÓTICOS
Dokken, Motörhead, Queensrÿche, Mötley Crüe, Dëthklok, Fœtus, Rammstein, Danzig

EGO
Dio, Van Halen, The Handsome Beasts, Michael Schenker Group, Marilyn Manson, Kid Rock

GRAUS DE SEPARAÇÃO: JOHN HIATT

Talvez você não tenha ouvido falar dele, mas John Hiatt compôs sucessos para Bob Dylan, Paula Abdul, Buddy Guy, Jewel, Willie Nelson e muitos outros. Ele também lançou 21 excelentes álbuns de estúdio.

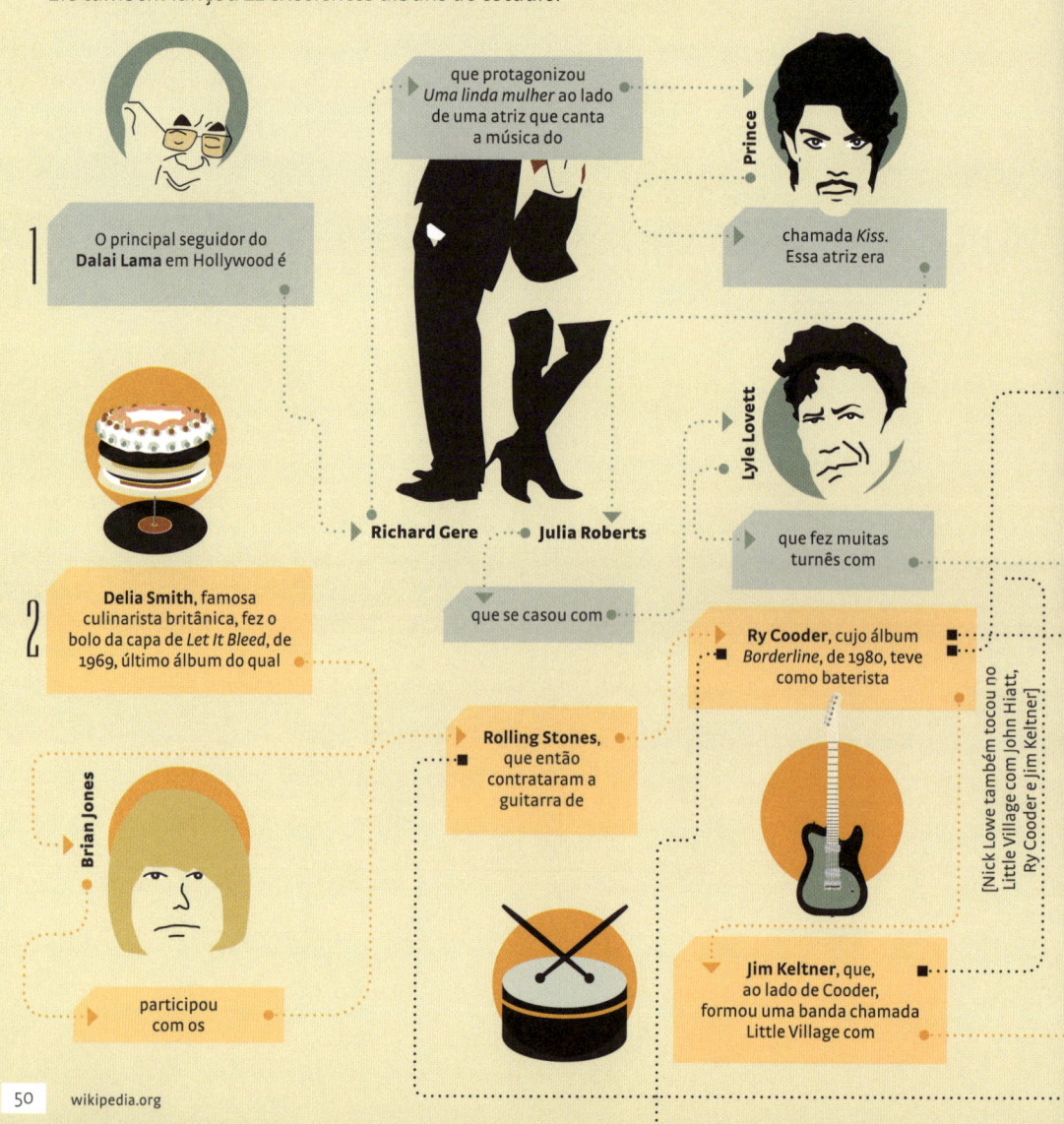

1 O principal seguidor do **Dalai Lama** em Hollywood é ▶ **Richard Gere** que protagonizou *Uma linda mulher* ao lado de uma atriz que canta a música do **Prince** chamada *Kiss*. Essa atriz era ▶ **Julia Roberts** que se casou com ▶ **Lyle Lovett** que fez muitas turnês com ▶ **Ry Cooder**, cujo álbum *Borderline*, de 1980, teve como baterista ▶ **Jim Keltner**, que, ao lado de Cooder, formou uma banda chamada Little Village com [Nick Lowe também tocou no Little Village com John Hiatt, Ry Cooder e Jim Keltner]

2 **Delia Smith**, famosa culinarista britânica, fez o bolo da capa de *Let It Bleed*, de 1969, último álbum do qual ▶ **Brian Jones** participou com os ▶ **Rolling Stones**, que então contrataram a guitarra de ▶ **Ry Cooder**...

wikipedia.org

4 A segunda esposa de **Johnny Cash** foi

June Carter, que anteriormente fora casada com

Carl Smith, cantor de rockabilly, pai de

Carlene Carter, cantora de country que se casou com

Nick Lowe, que produziu o álbum de 1983 *Riding With The King*, de

5 **Robert Johnson**, o lendário músico de blues, ganhou sua primeira guitarra na Dockery Plantation, que foi onde **Charlie Patton** ficou famoso. Ele era primo de segundo grau da mãe de

Bukka White, que foi uma grande influência para **B.B. King**, que teve entre seus sucessos um dueto com **Eric Clapton** em 2000, *Riding With The King*, escrita por

JOHN HIATT

3 **Brian Wilson**, dos Beach Boys, trabalhou com

[também trabalhou com]

Terry Melcher, em *Pet Sounds*, cuja mãe era

Doris Day, que coestrelou o filme *Um pijama para dois* com

John Raitt, ator de musicais, cuja única filha é

Bonnie Raitt, que fez sucesso em 1989 com o single *Thing Called Love*, escrita por

[Bonnie Raitt se apresentou ao vivo com os Rolling Stones na turnê norte-americana de 2013]

[O álbum de 1983 *Money and Cigarettes*, de Eric Clapton, teve participação de Ry Cooder]

51

HOMEM VIRA MULHER
E VICE-VERSA

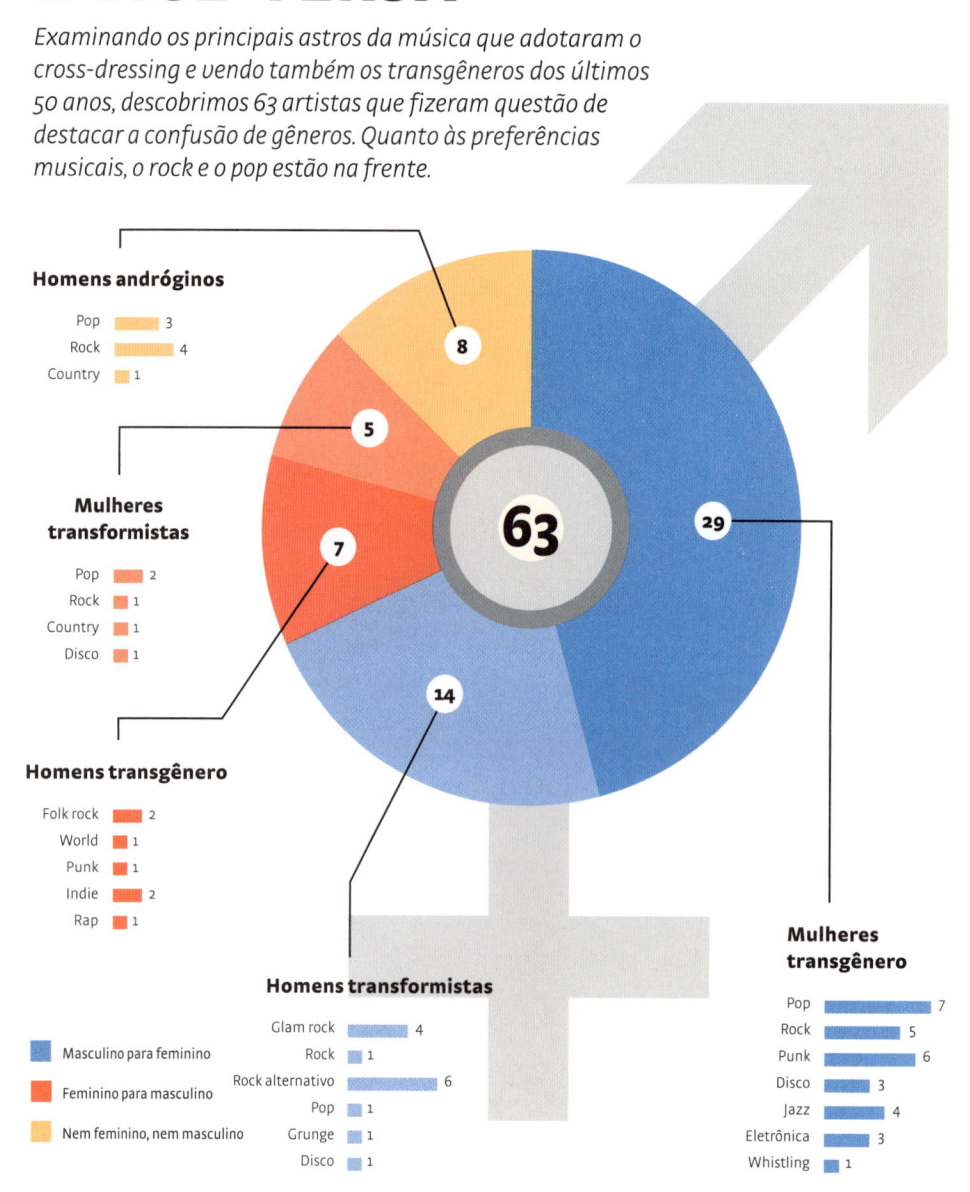

Examinando os principais astros da música que adotaram o cross-dressing e vendo também os transgêneros dos últimos 50 anos, descobrimos 63 artistas que fizeram questão de destacar a confusão de gêneros. Quanto às preferências musicais, o rock e o pop estão na frente.

Homens andróginos — 8
- Pop 3
- Rock 4
- Country 1

Mulheres transformistas — 5
- Pop 2
- Rock 1
- Country 1
- Disco 1

Homens transgênero — 7
- Folk rock 2
- World 1
- Punk 1
- Indie 2
- Rap 1

Homens transformistas — 14
- Glam rock 4
- Rock 1
- Rock alternativo 6
- Pop 1
- Grunge 1
- Disco 1

Mulheres transgênero — 29
- Pop 7
- Rock 5
- Punk 6
- Disco 3
- Jazz 4
- Eletrônica 3
- Whistling 1

Total: **63**

Legenda:
- Masculino para feminino
- Feminino para masculino
- Nem feminino, nem masculino

wikipedia.org

OS MAIORES SHOWS DO MUNDO

Os dez maiores shows musicais da história, seu público e o lugar e a data em que ocorreram.

THE BEATLES
SHEA STADIUM, NOVA YORK, EUA
1965
55.600

GENESIS (WHEN IN ROME)
ROMA, ITÁLIA
2007
2.000.000

MONSTERS OF ROCK (VÁRIOS ARTISTAS)
MOSCOU, RÚSSIA
1991
1.600.000

PAUL VAN DYK, CARL COX, ARMIN VAN BUUREN (LOVE PARADE)
DORTMUND, ALEMANHA
2008
1.600.000

LOVE PARADE (VÁRIOS ARTISTAS)
BERLIM, ALEMANHA
1999
1.500.000

PEACE WITHOUT BORDERS (VÁRIOS ARTISTAS)
HAVANA, CUBA 2009
1.500.000

THE ROLLING STONES
RIO DE JANEIRO, BRASIL 2006
1.500.000

JEAN MICHEL JARRE
PARIS, FRANÇA
1990
2.500.000

JEAN MICHEL JARRE
MOSCOU, RÚSSIA
1997
3.500.000

ROD STEWART
RIO DE JANEIRO, BRASIL
1994
3.500.000

BABBU MAAN
DIRBA, ÍNDIA
2008
4.080.000

wikipedia.org

RAPPERS QUE **NÃO MORRERAM**

As músicas dos astros do gangsta rap falam muito em atirar e levar tiros, o que em geral não passa de mera provocação. Mas para estes seis rappers as balas foram reais. Por sorte, eles sobreviveram e puderam contar suas histórias em rimas.

TIMBALAND

Tiro acidental na cozinha, por um chef.
Álbum recomendado: *Tim's Bio: Life From Da Bassment*, 1998

1 tiro no braço, 1986

GHOSTFACE KILLAH

Tiro durante uma discussão induzida pelo álcool.
Álbum recomendado: *Bulletproof Wallets*, 2001

1 tiro no pescoço, início da década de 1990

LIL WAYNE

Tiro acidental em si mesmo aos 12 anos.
Álbum recomendado: *Rebirth*, 2010

1 tiro no peito, 1994

ODB*

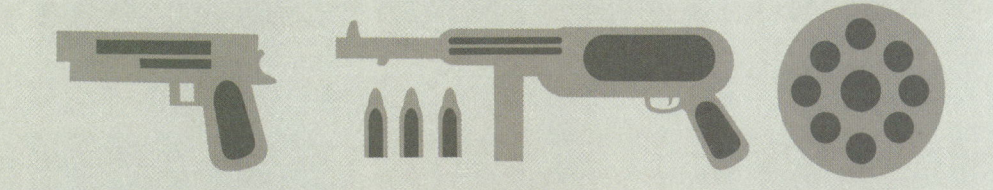

Tiro em discussão com outro rapper. Outro tiro durante invasão do apartamento da namorada.

Álbuns recomendados:
Return To The 36 Chambers, 1995
The Trials And Tribulations Of Russell Jones, 2002

3 tiros no abdome, costas e braço, 1994/98

*Morreu de overdose de drogas em 2004.

LLOYD BANKS (G-UNIT)

Tiro durante um episódio de violência gratuita.

Álbum recomendado:
Beg For Mercy, 2003

2 tiros nas costas e no estômago, 2001

50 CENT

Tiros em estacionamento em frente à casa da avó.

Álbum recomendado:
Bulletproof, 2007

9 tiros no braço, perna, quadril, peito e mão, 2004

wikipedia.org, rollingout.com, hiphopwired.com

BEATS POR MINUTO

A disco music conquistou o mundo nos anos 1970 com uma taxa "científica" de beats por minuto – definida, na época, por um baterista. A partir de 1993, porém, os BPMs foram marcados pelas baterias eletrônicas das músicas tocadas nas casas noturnas. Mas o quanto passamos a dançar mais rápido nos últimos vinte anos?

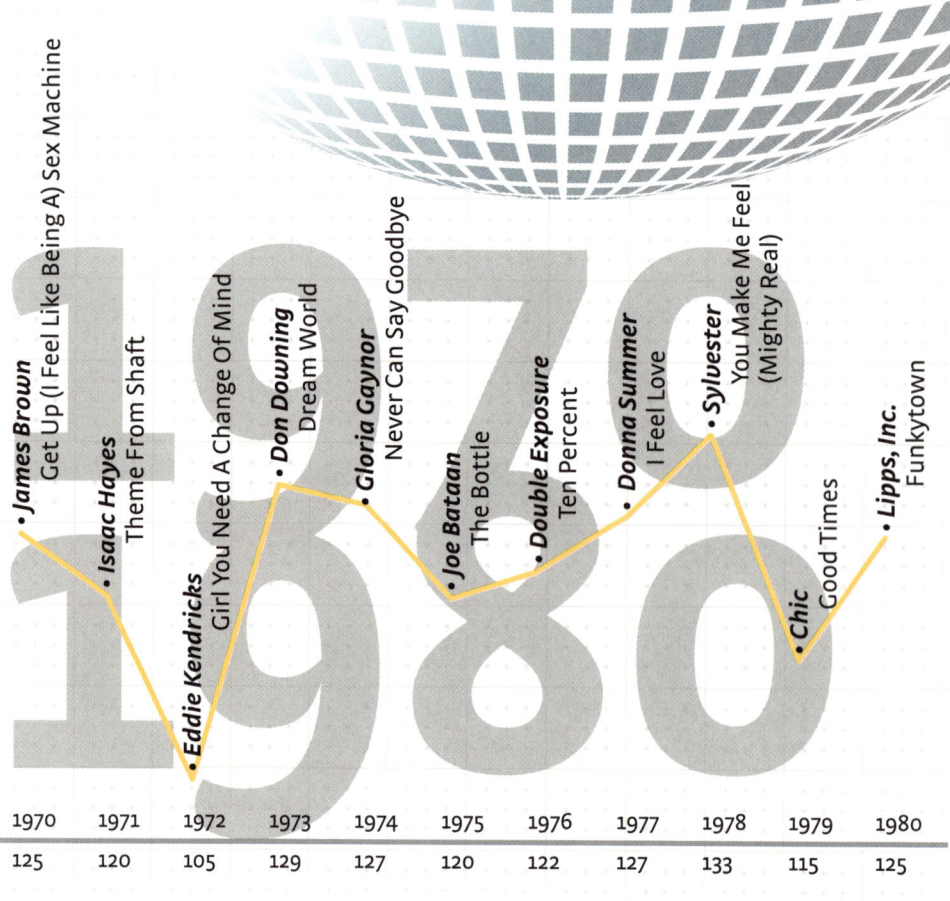

- **James Brown** — Get Up (I Feel Like Being A) Sex Machine
- **Isaac Hayes** — Theme From Shaft
- **Eddie Kendricks** — Girl You Need A Change Of Mind
- **Don Downing** — Dream World
- **Gloria Gaynor** — Never Can Say Goodbye
- **Joe Bataan** — The Bottle
- **Double Exposure** — Ten Percent
- **Donna Summer** — I Feel Love
- **Sylvester** — You Make Me Feel (Mighty Real)
- **Chic** — Good Times
- **Lipps, Inc.** — Funkytown

Ano	1970	1971	1972	1973	1974	1975	1976	1977	1978	1979	1980
BPM	125	120	105	129	127	120	122	127	133	115	125

Média de 122,5 BPM

1993–2003

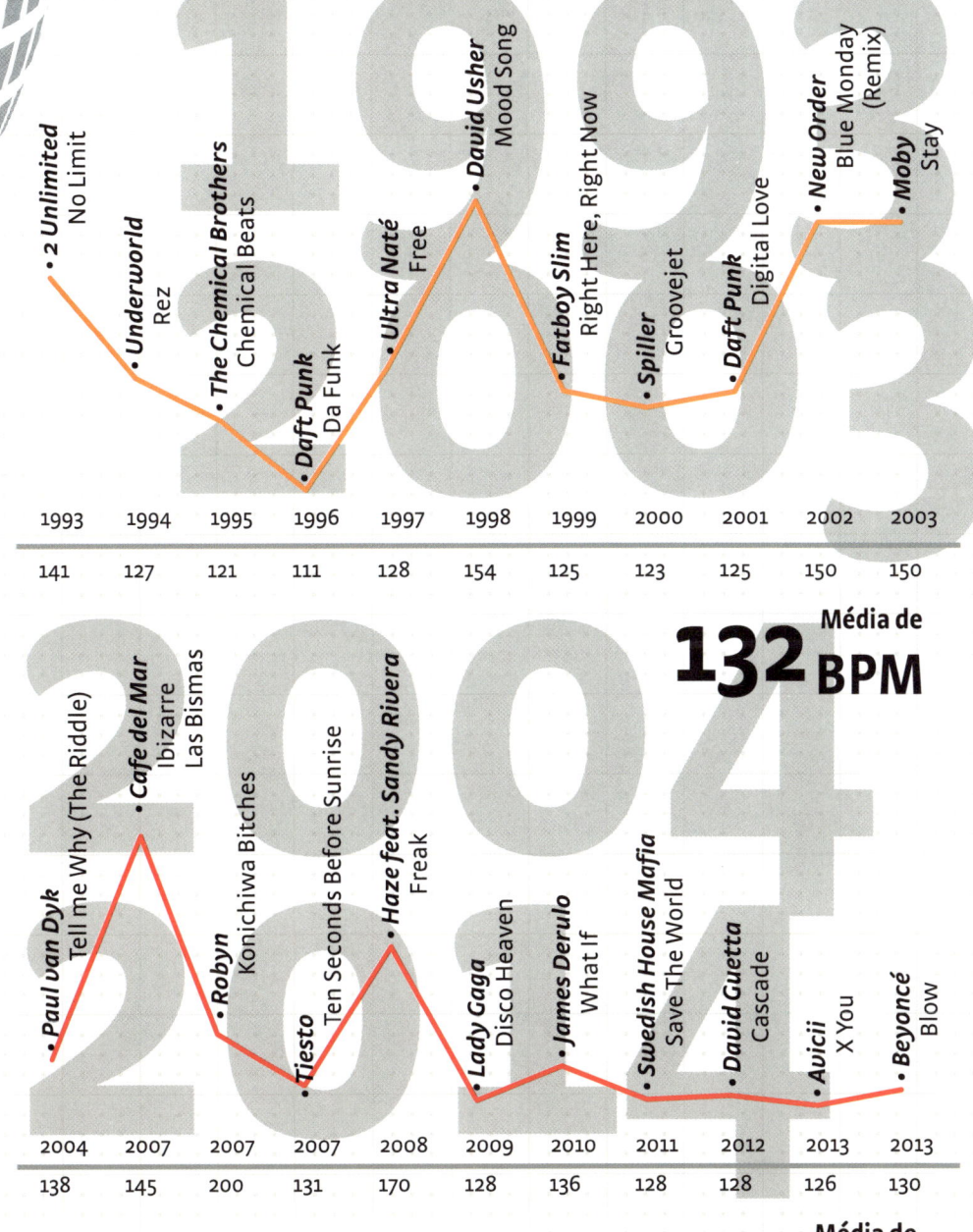

Year	Artist	Song	BPM
1993	2 Unlimited	No Limit	141
1994	Underworld	Rez	127
1995	The Chemical Brothers	Chemical Beats	121
1996	Daft Punk	Da Funk	111
1997	Ultra Naté	Free	128
1998	David Usher	Mood Song	154
1999	Fatboy Slim	Right Here, Right Now	125
2000	Spiller	Groovejet	123
2001	Daft Punk	Digital Love	125
2002	New Order	Blue Monday (Remix)	150
2003	Moby	Stay	150

Média de 132 BPM

2004–2013

Year	Artist	Song	BPM
2004	Paul van Dyk	Tell me Why (The Riddle)	138
2007	Cafe del Mar	Ibizarre Las Bismas	145
2007	Robyn	Konichiwa Bitches	200
2007	Tiesto	Ten Seconds Before Sunrise	131
2008	Haze feat. Sandy Rivera	Freak	170
2009	Lady Gaga	Disco Heaven	128
2010	James Derulo	What If	136
2011	Swedish House Mafia	Save The World	128
2012	David Guetta	Cascade	128
2013	Avicii	X You	126
2013	Beyoncé	Blow	130

Média de 142 BPM

songbpm.com, djbpmstudio.com

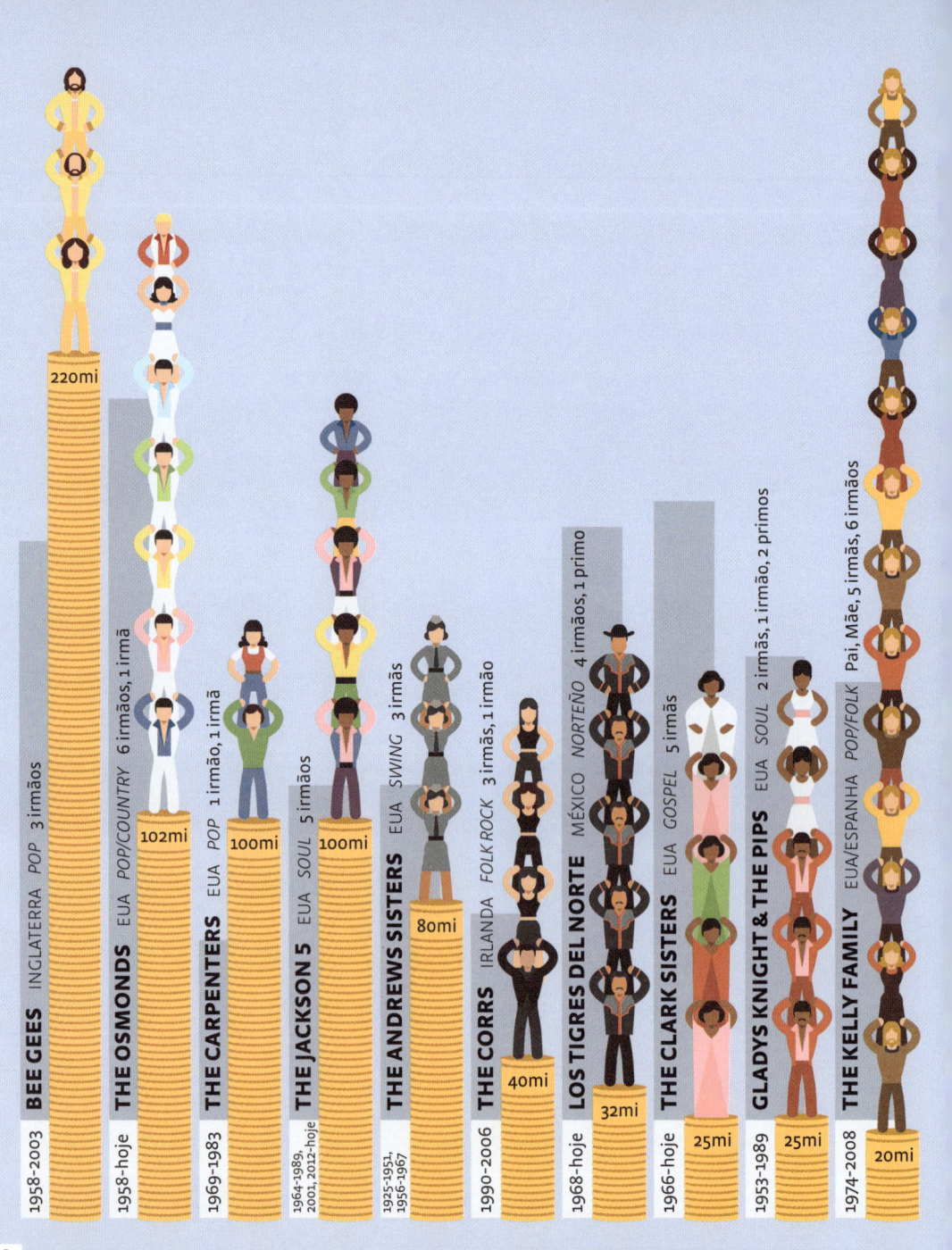

Band	Country	Genre	Members	Sales	Years
BEE GEES	INGLATERRA	POP	3 irmãos	220mi	1958-2003
THE OSMONDS	EUA	POP/COUNTRY	6 irmãos, 1 irmã	102mi	1958-hoje
THE CARPENTERS	EUA	POP	1 irmão, 1 irmã	100mi	1969-1983
THE JACKSON 5	EUA	SOUL	5 irmãos	100mi	1964-1989, 2001, 2012-hoje
THE ANDREWS SISTERS	EUA	SWING	3 irmãs	80mi	1925-1951, 1956-1967
THE CORRS	IRLANDA	FOLK ROCK	3 irmãs, 1 irmão	40mi	1990-2006
LOS TIGRES DEL NORTE	MÉXICO	NORTEÑO	4 irmãos, 1 primo	32mi	1968-hoje
THE CLARK SISTERS	EUA	GOSPEL	5 irmãs	25mi	1966-hoje
GLADYS KNIGHT & THE PIPS	EUA	SOUL	2 irmãs, 1 irmão, 2 primos	25mi	1953-1989
THE KELLY FAMILY	EUA/ESPANHA	POP/FOLK	Pai, Mãe, 5 irmãs, 6 irmãos	20mi	1974-2008

TUDO EM **FAMÍLIA**

Os negócios da música têm visto a trajetória de incontáveis grupos familiares ao longo dos anos, mas quais foram os mais bem-sucedidos, e que tipo de relacionamento parental funciona melhor? As bandas a seguir eram formadas originalmente apenas por membros da família.

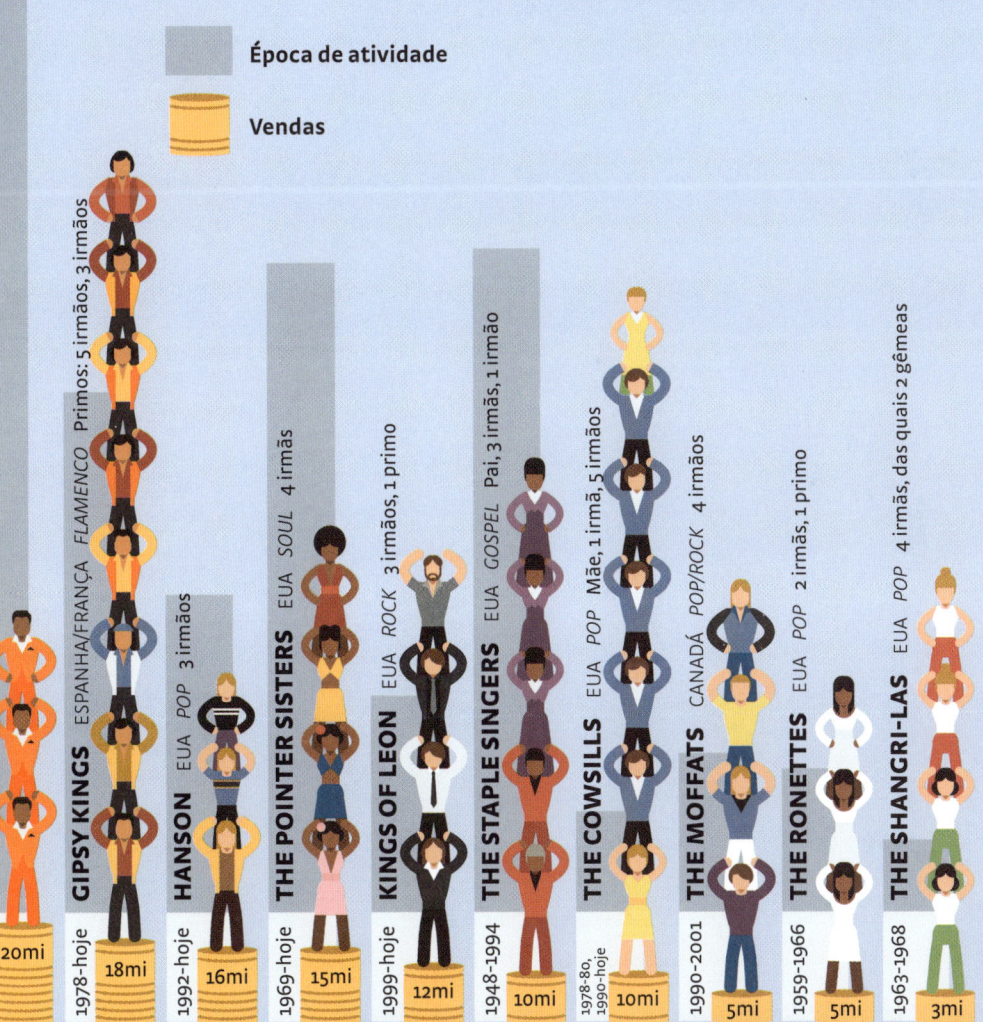

- Época de atividade
- Vendas

Banda	País	Gênero	Composição	Período	Vendas
THE ISLEY BROTHERS	EUA	SOUL	3 irmãos	1954–hoje	20mi
GIPSY KINGS	ESPANHA/FRANÇA	FLAMENCO	Primos: 5 irmãos, 3 irmãos	1978–hoje	18mi
HANSON	EUA	POP	3 irmãos	1992–hoje	16mi
THE POINTER SISTERS	EUA	SOUL	4 irmãs	1969–hoje	15mi
KINGS OF LEON	EUA	ROCK	3 irmãos, 1 primo	1999–hoje	12mi
THE STAPLE SINGERS	EUA	GOSPEL	Pai, 3 irmãs, 1 irmão	1948–1994	10mi
THE COWSILLS	EUA	POP	Mãe, 1 irmã, 5 irmãos	1978–80, 1990–hoje	10mi
THE MOFFATS	CANADÁ	POP/ROCK	4 irmãos	1990–2001	5mi
THE RONETTES	EUA	POP	2 irmãs, 1 primo	1959–1966	5mi
THE SHANGRI-LAS	EUA	POP	4 irmãs, das quais 2 gêmeas	1963–1968	3mi

wikipedia.org

OUVINDO O **PASSADO**

A história do som gravado remonta a meados do século XIX e aos cilindros de cera. Aqui estão os saltos de tecnologia que vêm orientando os negócios da música desde então.

1857
Cilindro fonográfico
O fonógrafo é inventado por Édouard-Léon Scott de Martinville; ele gravava sons em cilindros de cera

1948
Disco de vinil de 12" a 33 1/3 RPM
A Columbia Records introduz os LPs de vinil de 12 polegadas que tocam a 33 1/3 RPM

1935
Fita de rolo
AEG lança o gravador de fita magnética K1 (fita de rolo)

1931
Discos de gramofone de 33 1/3 RPM
A RCA Victor introduz os discos Victrolac de vinil, que tocam a 33 1/3 RPM

1930
Fonógrafo elétrico
Fonógrafos elétricos chegam ao mercado

1949
Compacto de vinil 45 RPM de 7"
A RCA Victor lança o primeiro compacto de 7 polegadas que toca a 45 RPM

1952
Toca-discos portátil Dansette
A Dansette (Inglaterra) lança o toca-discos portátil

1954
Rádio transistorizado
O rádio transistorizado Regency TR-1 é o primeiro do tipo a ser comercializado

1958
LP em estéreo
Os LPs de vinil em estéreo são introduzidos

2003
Upload e streaming
Início dos serviços que permitem ouvir música on-line

2001
iPod
A primeira geração dos iPods da Apple, de 5GB, chega ao mercado

1999
Aparelho portátil de MP3
Lançamento do primeiro aparelho portátil de MP3, o HanGo Personal Jukebox, da Compaq

1998
Aparelho de MP3
Criação do SaeHan/Eiger MPMan, primeiro aparelho de MP3

1877 — Gravação em papel-alumínio
Thomas Edison inventa o fonógrafo com cilindros de papel-alumínio

1896 — Gramofone de manivela
O gramofone de manivela é fabricado por Eldridge R. Johnson (EUA) e Emile Berliner

1897 — Primeira estação de rádio
Guglielmo Marconi instala a primeira estação de rádio na ilha de Wight, na Inglaterra

1898 — Primeira fábrica de aparelhos de rádio
Marconi abre a primeira fábrica de aparelhos de rádio do mundo

1900 — Primeira transmissão de voz humana
Roberto Landell de Moura (Brasil) faz a primeira transmissão de voz humana por ondas de rádio

1905 — Gramofone de 78 RPM
A Victor Co. lança a Victrola, um gramofone que toca discos a 78 RPM

1906 — Primeira transmissão musical por rádio
Reginald Fesenden (EUA) faz a primeira transmissão musical em rádio AM

1922 — Primeira companhia nacional de rádio
A British Broadcasting Corporation (BBC) se torna a primeira difusora nacional de rádio

1958 — Cartuchos de 4 pistas
O cartucho magnético (fita de 4 pistas) é lançado pela RCA

1963 — Cassete compacto
A Philips (NETH) introduz as fitas e aparelhos de cassete compacto

1972 — Primeiro 3 em 1
A Bang & Olufsen lança o Beocenter, projetado por Jacob Jensen, com toca-discos, toca-fitas e aparelho de rádio

1977 — Toca-fitas portátil Stereobelt
Andreas Pavel lança o toca-fitas portátil Stereobelt, que não faz sucesso

1979 — Walkman
Sony lança o toca-fitas portátil Walkman

1982 — Compact Disc
O Compact Disc é criado pela Sony (Japão) e pela Philips. O primeiro lançamento em CD foi 52nd Street, de Billy Joel

1984 — Discman
Lançamento do aparelho portátil de CD Discman D-50, da Sony

wikipedia.org, newworldrecords.com, electrotheremin.com, historyofrecording.com, indiana.edu/emusic, cec.sonus.com, richardhess.com

É O SEU **FUNERAL**

E você pode escolher a música. Tudo bem, você não vai ouvir mesmo. Mas aqui estão as canções mais populares em funerais nos EUA, Reino Unido e Austrália entre 2005 e 2013. Os pontos são dados conforme a posição em cada uma das sete listas de paradas de sucesso usadas; o número de paradas em que elas aparecem conta para o ranking.

Rank	Pontos	Paradas	Música, Artista
1	43	6	My Way, Frank Sinatra
2	30	4	Angels, Robbie Williams
3	25	6	The Wind Beneath My Wings, Bette Midler
4	20	1	Somewhere Over The Rainbow, Judy Garland
5	17	4	Amazing Grace, Royal Scots Dragoon Guards
6	17	2	Time To Say Goodbye, Sarah Brightman e Andrea Bocelli
7	16	2	Stairway To Heaven, Led Zeppelin
8=	14	2	Angel, Sarah McLachlan
8=	14	3	Goodbye My Lover, James Blunt
9	13	2	What A Wonderful World, Louis Armstrong
10	13	3	Good Riddance (Time Of Your Life), Green Day
11	11	2	Unforgettable, Nat 'King' Cole
12	11	1	Who Wants To Live Forever? Queen
13	10	1	Imagine, John Lennon
14	10	2	The Show Must Go On, Queen
15=	9	2	Always Look On The Bright Side Of Life, Monty Python
15=	9	1	Tears In Heaven, Eric Clapton
16	9		Hallelujah, Leonard Cohen

yourtribute.com, cooperative funeral services, Includeacharity.com, yahoo.com, European Music Census, Centennialpark.org

Posição	Música	Pontos	Paradas
16	To Where You Are, Josh Groban	9	1
17=17	I've Had The Time Of My Life, Jennifer Warnes e Bill Medley	8	1
18	Highway To Hell, AC/DC	8	1
19=19	We'll Meet Again, Vera Lynn	7	2
20=20	Have I Told You Lately That I Love You?, Van Morrison	7	1
21=21	I Will Remember You, Sarah McLachlan	5	1
22	Candle In The Wind, Elton John	5	1
23=23	You Raise Me Up, Westlife	4	1
24=24	Everybody Hurts, REM	3	2
25=25	You'll Never Walk Alone, Gerry & The Pacemakers	3	1
25=25	I Will Always Love You, Whitney Houston	3	1
25=25	Let It Be, The Beatles	2	2
25=25	Live Forever, Oasis	2	2
	Danny Boy, Daniel O'Donnell	2	1
	Unchained Melody, The Righteous Brothers	2	1
	Abide With Me, Harry Secombe	2	1
	Every Breath You Take, The Police	2	1
	My Heart Will Go On, Céline Dion	2	1
	Nothing Else Matters, Metallica	2	1

pontos — quantidade de paradas — posição

1967
Roupa para queimar a guitarra
Jimi Hendrix
Monterey Pop Festival

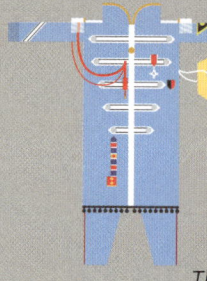

US$49,99

1967
Uniforme do Sergeant Pepper
Paul McCartney
The Beatles – Videoclipe de Hello, Goodbye

US$32,99

1972
Traje espacial de Ziggy Stardust
David Bowie
Turnê de Ziggy Stardust

US$45,00

1973
Macacão American Eagle
Elvis Presley
Show de Aloha From Hawaii

US$257,99

1975
Uniforme escolar
Angus Young
Roupa de palco do AC/DC

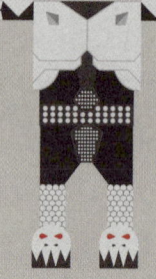

AU$70

1976
Traje Destroyer
Gene Simmons
Roupa de palco do KISS

US$72,99

1977
Roupa branca com dragão
Jimmy Page
Turnê norte-americana do Led Zeppelin

NÃO DISPONÍVEL

1980
Jaqueta rastafári de cetim
Bob Marley
Crystal Palace Concert Bowl

US$32,99

Hollywoodtoysandcostumes.com, costumesupercenter.com, oceangrocecostumehire.com

1983
Jaqueta de Thriller
Michael Jackson
Videoclipe de Thriller

US$59,99

1984
Traje Purple Rain
Prince
Videoclipe de Purple Rain

US$299,99

1985
Roupa de Freddie no Live Aid
Freddie Mercury
Queen – Wembley Stadium Live Aid

US$45,00

1986
Uniforme Adidas
Run DMC
Época de Raising Hell / My Adidas

US$38,00

1990
Calça de Hammer
MC Hammer
Videoclipe de U Can't Touch This

US$40,99

1991
Short de ciclismo com a bandeira norte-americana
Axl Rose
Roupa de palco do Guns N' Roses

US$29,99

= preço do aluguel da fantasia

QUESTÃO DE **ESTILO**

Ter uma aparência de impacto sempre foi importante no show business, e aqui temos catorze roupas marcantes dos últimos 50 anos. Veja também quanto custaria alugar cada uma delas por apenas uma noite.

MÚSICA DO **SEU PAÍS**

Houve um tempo em que os astros da música pop ocidental dominavam os mercados musicais de todos os continentes. No século XXI, porém, os maiores vendedores de disco dos mais diversos países do mundo são nativos e superam os números de seus concorrentes de fora.

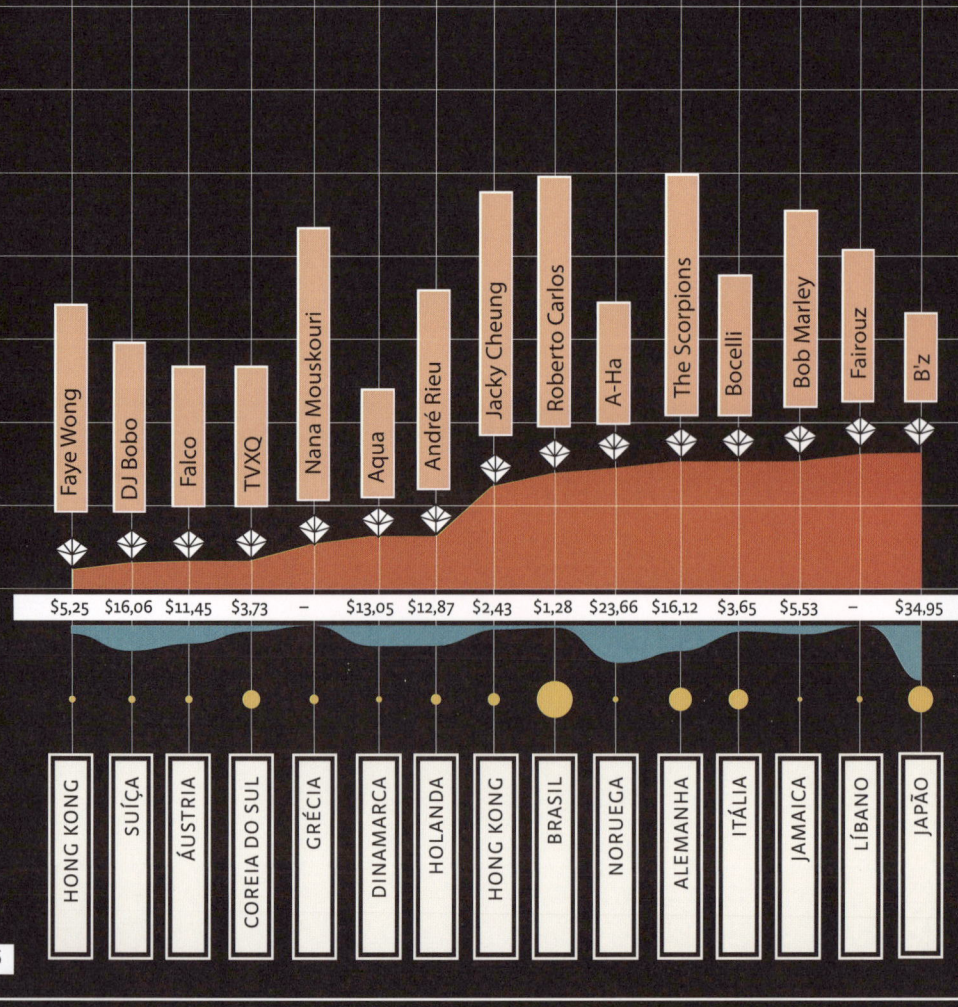

Artista	Preço	País
Faye Wong	$5,25	HONG KONG
DJ Bobo	$16,06	SUÍÇA
Falco	$11,45	ÁUSTRIA
TVXQ	$3,73	COREIA DO SUL
Nana Mouskouri	–	GRÉCIA
Aqua	$13,05	DINAMARCA
André Rieu	$12,87	HOLANDA
Jacky Cheung	$2,43	HONG KONG
Roberto Carlos	$1,28	BRASIL
A-Ha	$23,66	NORUEGA
The Scorpions	$16,12	ALEMANHA
Bocelli	$3,65	ITÁLIA
Bob Marley	$5,53	JAMAICA
Fairouz	–	LÍBANO
B'z	$34,95	JAPÃO

Discos Vendidos por Artista

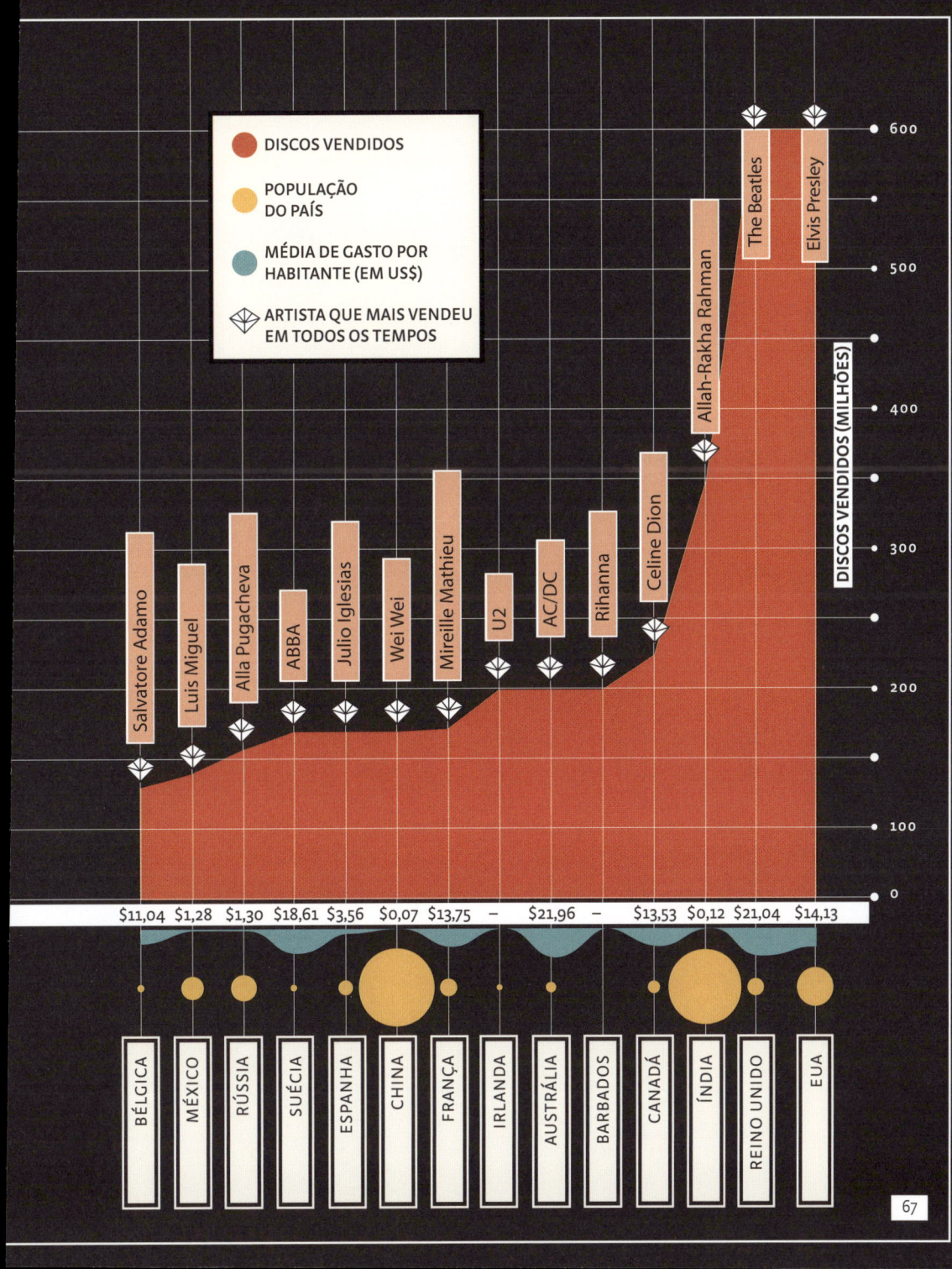

Legenda:
- 🔴 DISCOS VENDIDOS
- 🟡 POPULAÇÃO DO PAÍS
- 🔵 MÉDIA DE GASTO POR HABITANTE (EM US$)
- ◈ ARTISTA QUE MAIS VENDEU EM TODOS OS TEMPOS

Eixo Y: DISCOS VENDIDOS (MILHÕES) — 0, 100, 200, 300, 400, 500, 600

País	Artista	Média de gasto por habitante (US$)
BÉLGICA	Salvatore Adamo	$11,04
MÉXICO	Luis Miguel	$1,28
RÚSSIA	Alla Pugacheva	$1,30
SUÉCIA	ABBA	$18,61
ESPANHA	Julio Iglesias	$3,56
CHINA	Wei Wei	$0,07
FRANÇA	Mireille Mathieu	$13,75
IRLANDA	U2	–
AUSTRÁLIA	AC/DC	$21,96
BARBADOS	Rihanna	–
CANADÁ	Celine Dion	$13,53
ÍNDIA	Allah-Rakha Rahman	$0,12
REINO UNIDO	The Beatles	$21,04
EUA	Elvis Presley	$14,13

67

ENQUANTO ROLA O **SOLO...**

Solos instrumentais no meio da música – ou às vezes durante a música inteira – podem ser chatos, mesmo aqueles tocados por Jimmy Page usando arco de violino. Mas, por outro lado, são uma deixa para o ouvinte ir fazer outra coisa. Eis algumas sugestões do que fazer durante um solo sem fim.

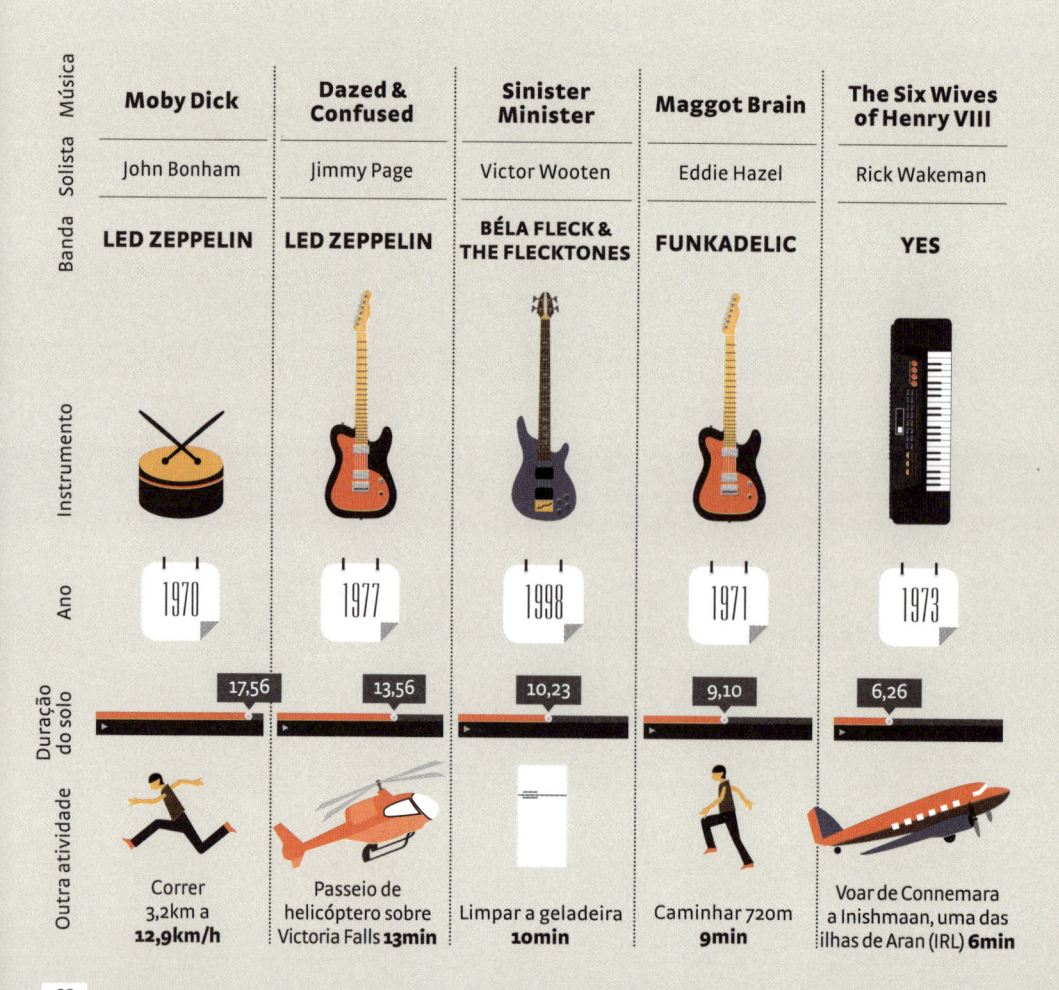

- Bateria
- Guitarra
- Baixo
- Teclado

Música	Moby Dick	Dazed & Confused	Sinister Minister	Maggot Brain	The Six Wives of Henry VIII
Solista	John Bonham	Jimmy Page	Victor Wooten	Eddie Hazel	Rick Wakeman
Banda	LED ZEPPELIN	LED ZEPPELIN	BÉLA FLECK & THE FLECKTONES	FUNKADELIC	YES
Instrumento	Bateria	Guitarra	Baixo	Guitarra	Teclado
Ano	1970	1977	1998	1971	1973
Duração do solo	17,56	13,56	10,23	9,10	6,26
Outra atividade	Correr 3,2km a **12,9km/h**	Passeio de helicóptero sobre Victoria Falls **13min**	Limpar a geladeira **10min**	Caminhar 720m **9min**	Voar de Connemara a Inishmaan, uma das ilhas de Aran (IRL) **6min**

O mais longo solo de guitarra do mundo: **David DiDonato**

- **Instrumento:** guitarra
- **Data:** 2012
- **Outra atividade:** Voar de Dubai a Houston (16h20min, 13.144km) e dirigir de Houston a Clarkesdale, no Mississippi (8h27min, 854,5km): **24h47min, 13.998,5km**
- **Duração do solo:** 24:55:00

Música	Freebird	War Pigs	Shine On You Crazy Diamond	Take A Pebble	Star Spangled Banner
Solista	Rickey Medlocke	Tony Iommi	Dave Gilmour	Keith Emerson	Jimi Hendrix
Banda	LYNYRD SKYNYRD	BLACK SABBATH	PINK FLOYD	EMERSON, LAKE & PALMER	-
Instrumento	guitarra	guitarra	guitarra	teclado	guitarra
Ano	2010	1980	1974	1970	1969
Duração do solo	6,08	5,50	5,17	4,55	3,57
Outra atividade	Passar três camisas **6min**	Fazer um omelete **5min30s**	Assar torradas de atum com feijão branco **4min30s**	Cozinhar um ovo **3min30s** e trocar uma lâmpada **40s**	Colocar 60 litros de gasolina **3min57s**

wikipedia.org, youtube.com, spotify.com

PAUL McCARTNEY

Baixo "violino" Hofner feito sob encomenda
US$201.800, 2013

Carro Aston Martin DB5 de 1964
US$568.000, 2012

$201 mil

JOHN LENNON

Óculos redondos
US$97.000, 2009

Piano Steinway Model Z (vendido para George Michael)
US$2,24 milhões, 2000

Dente de John Lennon
US$32.000, 2012

Placa manuscrita "Bed Peace"
US$160.413, 2011

$97 mil

$32 mil

Item mais caro já leiloado:
Carro Rolls-Royce Phantom V psicodélico
US$3,6 milhões, 1985

$3,6 milhões

GEORGE HARRISON

Jaqueta de couro
US$182.000, 2012

Guitarra Gibson SG, usada nas gravações do álbum Revolver
US$567.000, 2004

Guitarra Fender Telecaster de jacarandá, usada na filmagem de Let It Be
US$434.750, 2003

$567 mil

RINGO STARR

Capa usada no filme Help!
US$37.500, 2011

Pele do bumbo de Sgt Pepper's Lonely Hearts Club Band
US$893.000, 2008

$893 mil

THE BEATLES

Guitarra protótipo Vox Custom de John Lennon e George Harrison
US$408.000, 2013

Figura de cartolina de Marlene Dietrich, usada na foto da capa de Sgt Pepper's Lonely Hearts Club Band
US$142.000, 2003

CAN'T BUY ME **LOVE**

Na década de 1990, os leilões de objetos de astros do rock chamaram a atenção da mídia, e desde então os preços dos pertences de alguns músicos subiram muito. Se você vai montar sua coleção, é melhor começar por artistas falecidos, como mostra esta lista dos preços mais altos.

MICHAEL JACKSON

$49,9 mil

Jaqueta do videoclipe de Thriller
US$1,8 milhão, 2011

Luva usada no American Music Awards de 1984
US$196.800, 2011

Camisa usada no videoclipe de Scream
US$72.000, 2011

Chapéu do videoclipe de Smooth Criminal
US$49.920, 2011

Peruca
US$72.000, 2011

BOB DYLAN

$965 mil

Guitarra Fender Stratocaster usada no Newport Folk Festival de 1965
US$965.000, 2013

Poster assinado e com um poema escrito para Elizabeth Taylor
US$80.500, 2011

ERIC CLAPTON

$115 mil · $959 mil

Guitarra Fender Stratocaster 'Blackie'
US$959.000, 2004

Guitarra Fender Stratocaster 'Brownie', usada nas gravações de Layla
US$516.000, 1999

ELVIS PRESLEY

$46 mil

Macacão com rebites usado em 1973 e 1974
US$175.000, 2006

Traje de couro usado no palco em 1974
US$120.000, 2008

Traje azul-escuro com manchas de suor usado no palco em 1975
US$105.000, 2006

Sapatos de palco, com inscrição
US$46.875, 2013

Cabelo de Elvis Presley
US$115.000, 2002

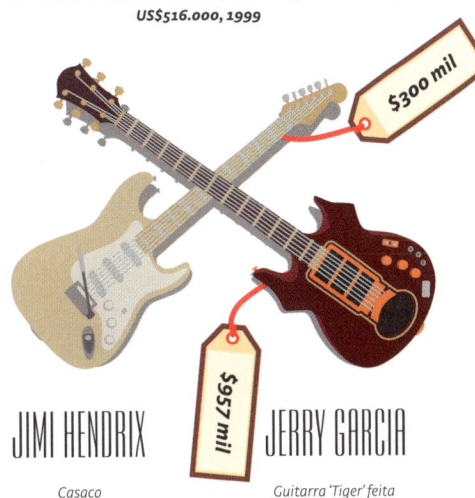

JUSTIN BIEBER

$40 mil

Cabelo de Justin Bieber
US$40.688, 2011

OZZY OSBOURNE

$4,5 mil

Chave do quadriciclo destruído
US$4.500, 2003

JIMI HENDRIX

$300 mil

Casaco
US$39.000, 2013

Guitarra Fender Stratocaster tocada no Festival de Woodstock, em 1969
US$300.000, 1990

JERRY GARCIA

$957 mil

Guitarra 'Tiger' feita sob encomenda
US$957.500, 2002

Guitarra 'Wolf' feita sob encomenda
US$789.500, 2002

christies.com, bonhams.com, juliensauctions.com

Timeline

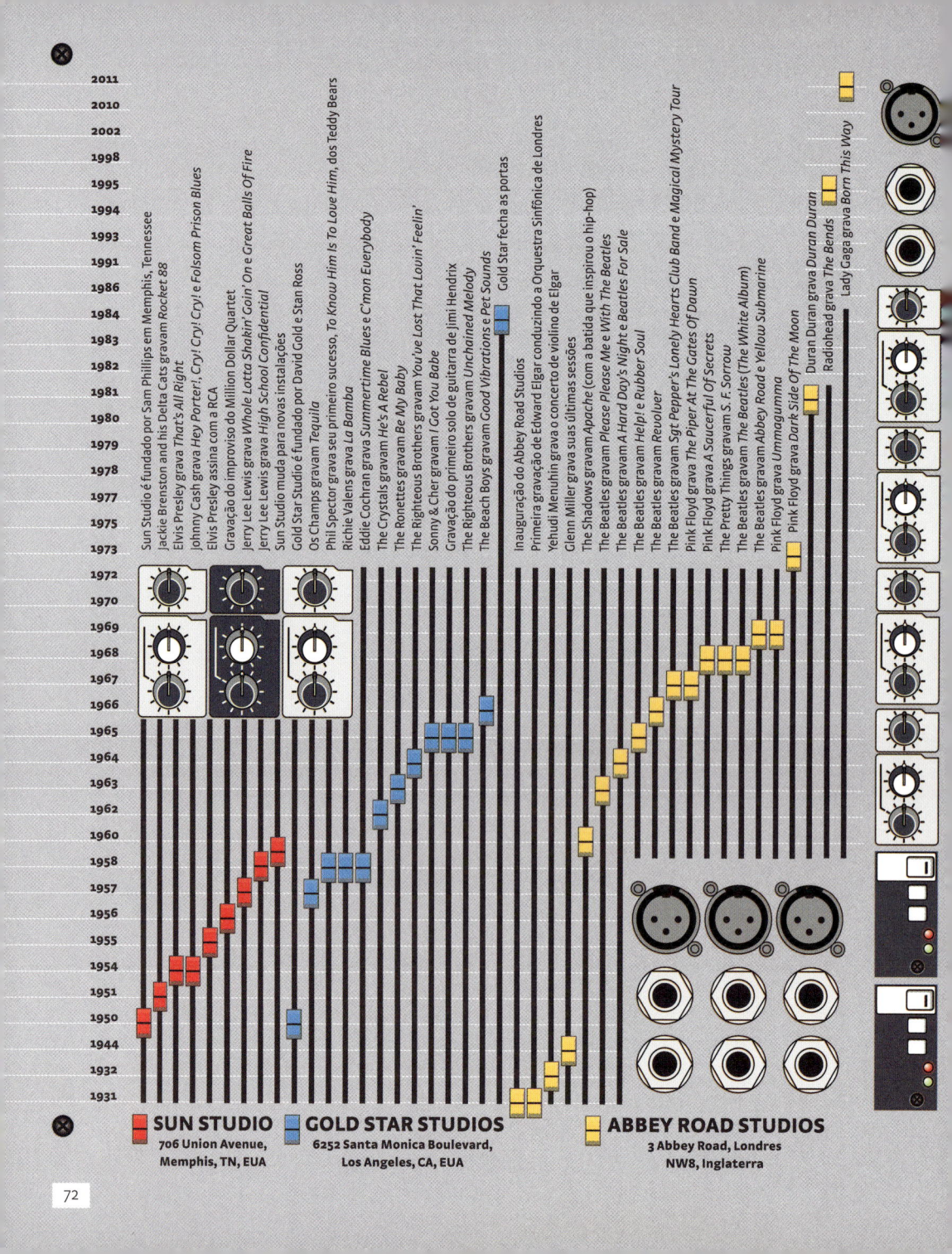

SUN STUDIO — 706 Union Avenue, Memphis, TN, EUA
GOLD STAR STUDIOS — 6252 Santa Monica Boulevard, Los Angeles, CA, EUA
ABBEY ROAD STUDIOS — 3 Abbey Road, Londres NW8, Inglaterra

2011	Lady Gaga grava *Born This Way*
2010	
2002	
1998	
1995	Radiohead grava *The Bends*
1994	Duran Duran grava *Duran Duran*
1993	
1991	
1986	
1984	
1983	Pink Floyd grava *Dark Side Of The Moon*
1982	
1981	Pink Floyd grava *Ummagumma*
1980	The Beatles gravam *Abbey Road* e *Yellow Submarine*
1979	The Beatles gravam *The Beatles (The White Album)*
1978	The Pretty Things gravam *S. F. Sorrow*
1977	Pink Floyd grava *A Saucerful Of Secrets*
1975	Pink Floyd grava *The Piper At The Gates Of Dawn*
1973	The Beatles gravam *Sgt Pepper's Lonely Hearts Club Band* e *Magical Mystery Tour*
1972	The Beatles gravam *Revolver*
1970	The Beatles gravam *Help!* e *Rubber Soul*
1969	The Beatles gravam *A Hard Day's Night* e *Beatles For Sale*
1968	The Beatles gravam *Please Please Me* e *With The Beatles*
1967	The Shadows gravam *Apache* (com a batida que inspirou o hip-hop)
1966	Glenn Miller grava suas últimas sessões
1965	Yehudi Menuhin grava o concerto de violino de Elgar
1964	Primeira gravação de Edward Elgar conduzindo a Orquestra Sinfônica de Londres
1963	Inauguração do Abbey Road Studios
1962	The Beach Boys gravam *Good Vibrations* e *Pet Sounds*
1960	The Righteous Brothers gravam *Unchained Melody*
1958	Gravação do primeiro solo de guitarra de Jimi Hendrix
1957	Sonny & Cher gravam *I Got You Babe*
1956	The Righteous Brothers gravam *You've Lost That Lovin' Feelin'*
1955	The Ronettes gravam *Be My Baby*
1954	The Crystals gravam *He's A Rebel*
1951	Eddie Cochran grava *Summertime Blues* e *C'mon Everybody*
1950	Richie Valens grava *La Bamba*
1944	Phil Spector grava seu primeiro sucesso, *To Know Him Is To Love Him*, dos Teddy Bears
1932	Gold Star Studio é fundado por David Gold e Stan Ross
1931	Os Champs gravam *Tequila*

Sun Studio muda para novas instalações
Jerry Lee Lewis grava *High School Confidential*
Jerry Lee Lewis grava *Whole Lotta Shakin' Goin' On* e *Great Balls Of Fire*
Gravação do improviso do Million Dollar Quartet
Elvis Presley assina com a RCA
Johnny Cash grava *Hey Porter!*, *Cry! Cry! Cry!* e *Folsom Prison Blues*
Elvis Presley grava *That's All Right*
Jackie Brenston and his Delta Cats gravam *Rocket 88*
Sun Studio é fundado por Sam Phillips em Memphis, Tennessee

Gold Star fecha as portas

72

GRAVANDO!

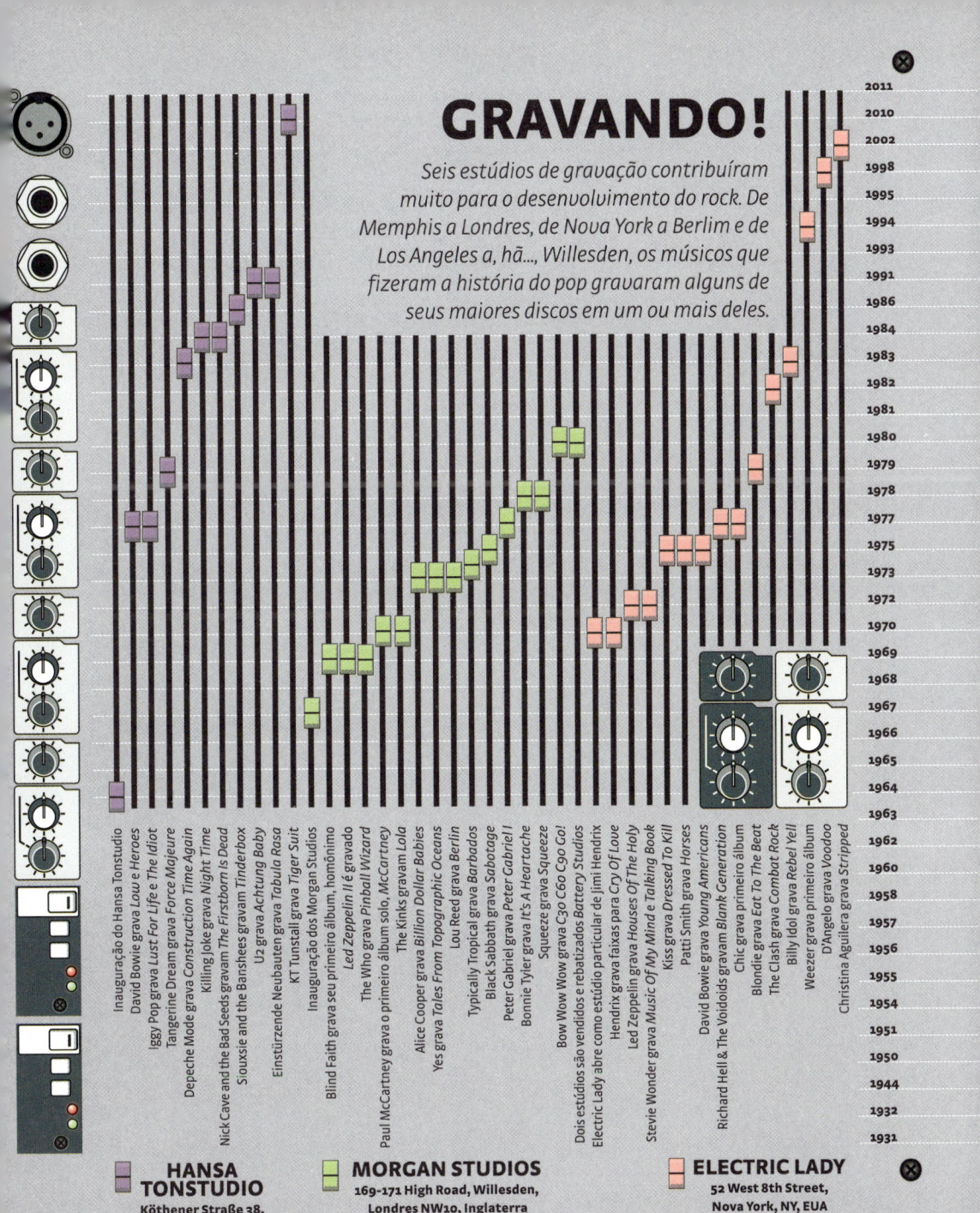

Seis estúdios de gravação contribuíram muito para o desenvolvimento do rock. De Memphis a Londres, de Nova York a Berlim e de Los Angeles a, hã..., Willesden, os músicos que fizeram a história do pop gravaram alguns de seus maiores discos em um ou mais deles.

- Inauguração do Hansa Tonstudio
- David Bowie grava *Low* e *Heroes*
- Iggy Pop grava *Lust For Life* e *The Idiot*
- Tangerine Dream grava *Force Majeure*
- Depeche Mode grava *Construction Time Again*
- Killing Joke grava *Night Time*
- Nick Cave and the Bad Seeds gravam *The Firstborn Is Dead*
- Siouxsie and the Banshees gravam *Tinderbox*
- U2 grava *Achtung Baby*
- Einstürzende Neubauten grava *Tabula Rasa*
- KT Tunstall grava *Tiger Suit*
- Inauguração dos Morgan Studios
- Blind Faith grava seu primeiro álbum, homônimo
- Led Zeppelin II é gravado
- The Who grava *Pinball Wizard*
- The Kinks gravam *Lola*
- Paul McCartney grava o primeiro álbum solo, *McCartney*
- Alice Cooper grava *Billion Dollar Babies*
- Yes grava *Tales From Topographic Oceans*
- Lou Reed grava *Berlin*
- Typically Tropical grava *Barbados*
- Black Sabbath grava *Sabotage*
- Peter Gabriel grava *Peter Gabriel I*
- Bonnie Tyler grava *It's A Heartache*
- Squeeze grava *Squeeze*
- Bow Wow Wow grava *C30 C60 C90 Go!*
- Dois estúdios são vendidos e rebatizados Battery Studios
- Electric Lady abre como estúdio particular de Jimi Hendrix
- Hendrix grava faixas para *Cry Of Love*
- Led Zeppelin grava *Houses Of The Holy*
- Stevie Wonder grava *Music Of My Mind* e *Talking Book*
- Kiss grava *Dressed To Kill*
- Patti Smith grava *Horses*
- David Bowie grava *Young Americans*
- Richard Hell & The Voidoids gravam *Blank Generation*
- Chic grava primeiro álbum
- Blondie grava *Eat To The Beat*
- The Clash grava *Combat Rock*
- Billy Idol grava *Rebel Yell*
- Weezer grava primeiro álbum
- D'Angelo grava *Voodoo*
- Christina Aguilera grava *Stripped*

HANSA TONSTUDIO
Köthener Straße 38,
Kreuzberg, Berlim, Alemanha

MORGAN STUDIOS
169-171 High Road, Willesden,
Londres NW10, Inglaterra

ELECTRIC LADY
52 West 8th Street,
Nova York, NY, EUA

wikipedia.org

POR TRÁS DO **NOME**

Será que nomes de bebês e de astros do pop têm alguma ligação para os americanos, sempre obcecados por celebridades? Aqui temos uma dúzia de canções de sucesso e uma dúzia de superastros, com sua posição na lista dos mil nomes de bebês mais comuns em cada década, de 1950 a 2000.

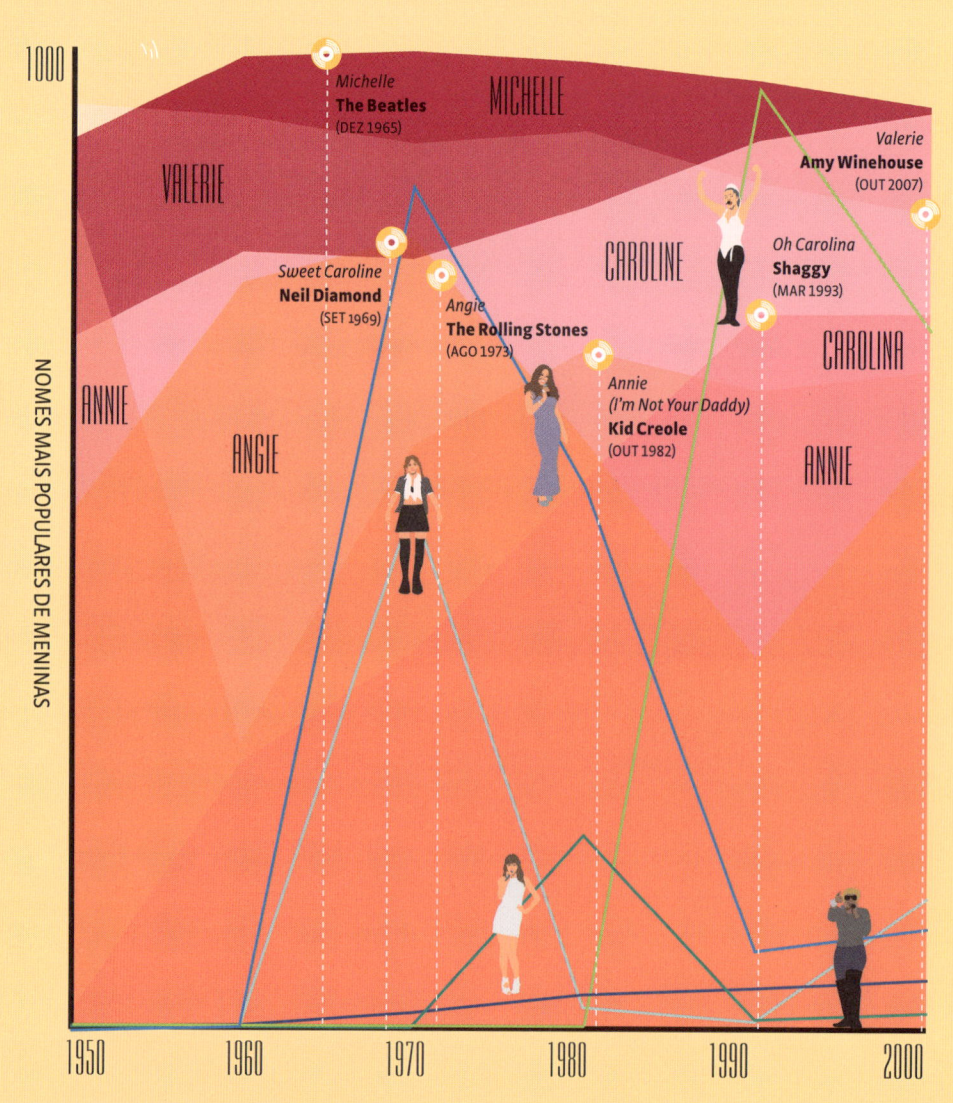

NOMES MAIS POPULARES DE MENINAS

1000

VALERIE
ANNIE
ANGIE
MICHELLE
CAROLINE
CAROLINA
ANNIE

Michelle
The Beatles
(DEZ 1965)

Sweet Caroline
Neil Diamond
(SET 1969)

Angie
The Rolling Stones
(AGO 1973)

Annie (I'm Not Your Daddy)
Kid Creole
(OUT 1982)

Oh Carolina
Shaggy
(MAR 1993)

Valerie
Amy Winehouse
(OUT 2007)

1950 — 1960 — 1970 — 1980 — 1990 — 2000

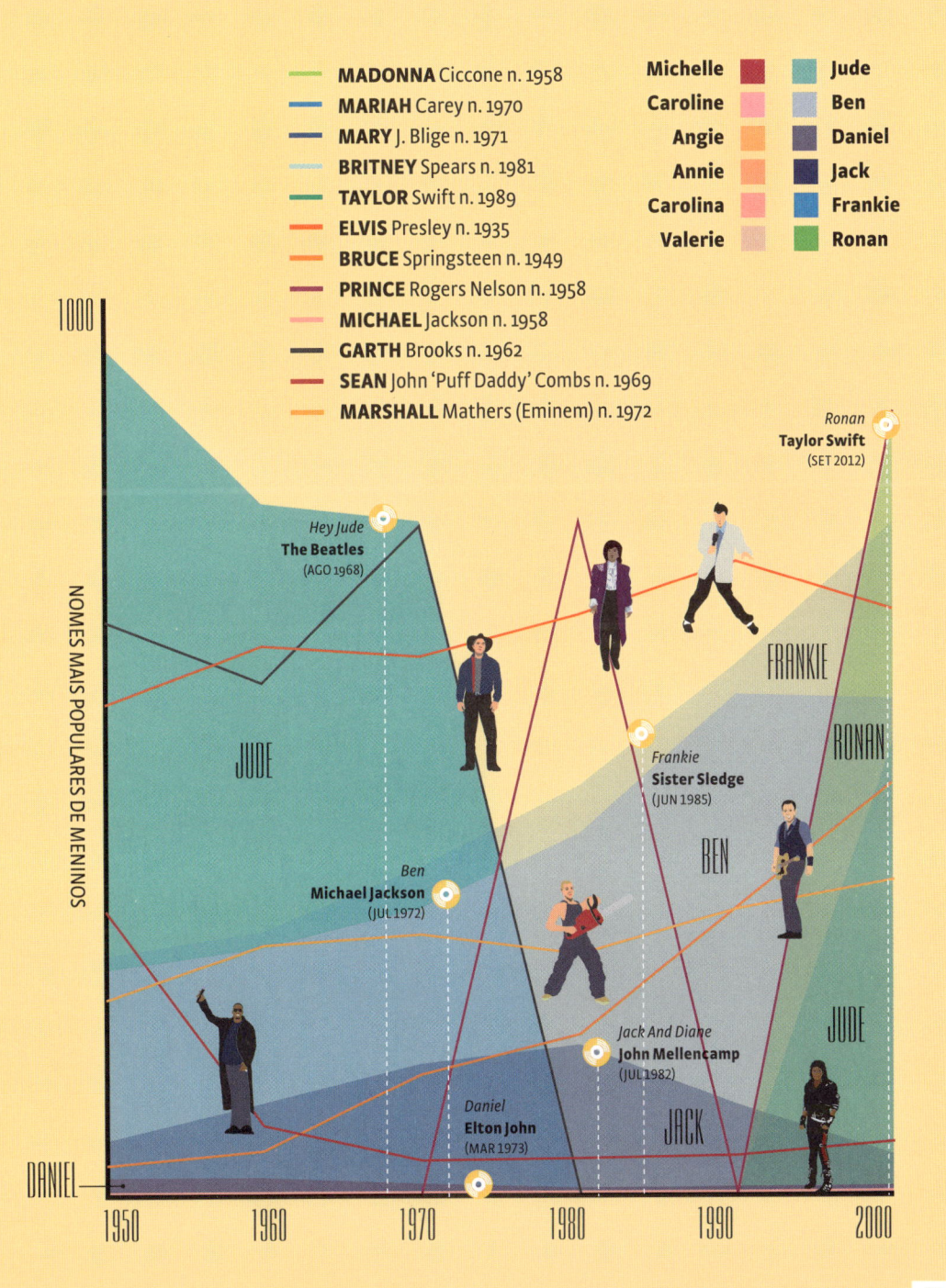

— **MADONNA** Ciccone n. 1958	**Michelle** ▮	**Jude** ▮
— **MARIAH** Carey n. 1970	**Caroline** ▮	**Ben** ▮
— **MARY** J. Blige n. 1971	**Angie** ▮	**Daniel** ▮
— **BRITNEY** Spears n. 1981	**Annie** ▮	**Jack** ▮
— **TAYLOR** Swift n. 1989	**Carolina** ▮	**Frankie** ▮
— **ELVIS** Presley n. 1935	**Valerie** ▮	**Ronan** ▮
— **BRUCE** Springsteen n. 1949		
— **PRINCE** Rogers Nelson n. 1958		
— **MICHAEL** Jackson n. 1958		
— **GARTH** Brooks n. 1962		
— **SEAN** John 'Puff Daddy' Combs n. 1969		
— **MARSHALL** Mathers (Eminem) n. 1972		

NOMES MAIS POPULARES DE MENINOS

1000

Ronan
Taylor Swift
(SET 2012)

Hey Jude
The Beatles
(AGO 1968)

JUDE

FRANKIE

RONAN

Frankie
Sister Sledge
(JUN 1985)

BEN

Ben
Michael Jackson
(JUL 1972)

JUDE

Jack And Diane
John Mellencamp
(JUL 1982)

Daniel
Elton John
(MAR 1973)

JACK

DANIEL

1950 1960 1970 1980 1990 2000

baby2see.com, wikipedia.com

75

MÚSICOS COM DIPLOMAS E DOUTORADOS

Como Ian Dury uma vez observou bem, "não têm surgido muitos caras inteligentes", talvez comentando a respeito daqueles que viraram músicos. Mas será que existe um gênero que tenha atraído mais músicos formados em boas universidades?

POP

Chris Martin
Coldplay
Diploma: história antiga, University College London

Will Champion
Coldplay
Diploma: antropologia, University College London

Jonny Buckland
Coldplay
Diploma: matemática, University College London

Julio Iglesias
Cantor
Diploma: direito, Universidad Complutense Madrid

Brian Briggs
Stornoway
Doutorado: zoologia, University of Oxford

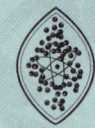

Brian Cox
D:Ream
Doutorado: física, University of Manchester

Mira Aroyo
Ladytron
Doutorado: genética molecular, University of Oxford

PUNK

Dexter
The Offspring
Mestrado: biologia molecular, University of Southern California

Greg Graffin
Bad Religion
Doutorado: zoologia, Cornell University

Milo Aukerman
The Descendents
Doutorado: bioquímica, University of Wisconsin

Gregg Turner
Angry Samoans
Doutorado: matemática, Claremont University

Ethan Port
Savage Republic
Doutorado: matemática, University of Southern California

Dr. James Lilja
The Offspring
Mestrado: oncologia ginecológica, University of California

ELETRÔNICA

Ben Gibbard
Postal Service
Diploma: química ambiental, Western Washington University

Dan Snaith
Caribou
Doutorado: matemática, Imperial College

David Macklovitch
Chromeo
Doutorado: literatura francesa, Columbia University

Drew Daniel
Matmos
Doutorado: literatura inglesa, University of California

FOLK

Paul Simon
Diploma: inglês,
Queen's College

Art Garfunkel
Diploma: matemática,
Columbia University

Frank Turner
Diploma: história,
London School of Economics

ROCK

Richey Edwards
Manic Street Preachers
Diploma: história política,
University of Wales

Rivers Cuomo
Weezer
Diploma: inglês,
Harvard University

Damian Kulash
Ok, Go
Diploma: semiótica da arte,
Brown University

Tom Scholz
Boston
Mestrado: engenharia
mecânica, Massachusetts
Institute of Technology

Brian Ferry
Roxy Music
Diploma: arte,
University of Newcastle

John Perry Barlow
The Grateful Dead
Diploma: religiões comparadas,
Wesleyan University

Jim Morrison
The Doors
Diploma: cinema,
University of California

Tom Morello
Rage Against The Machine
Diploma: ciência política,
Harvard University

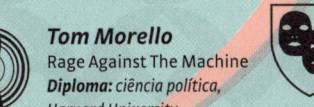

Thom Yorke
Radiohead
Diploma: arte e literatura,
University of Exeter

Mark Knopfler
Dire Straits
Diploma: inglês,
University of Leeds

Ezra Koenig
Vampire Weekend
Diploma: inglês,
Columbia University

Matt Berninger
The National
Diploma: design gráfico,
University of Cincinnati

Kele Okereke
Bloc Party
Diploma: inglês, King's College

Brian May
Queen
Doutorado: astrofísica,
Imperial College

Sterling Morrison
The Velvet Underground
Doutorado: estudos medievais,
University of Texas

Phil Alvin
The Blasters
Doutorado: matemática
e inteligência artificial,
University of California

Warren Zanes
The Del Fuegos
Doutorado: artes
visuais e culturais,
University of Rochester

OUTROS

Laurie Anderson
Mestrado: escultura,
Columbia University

Robert Leonard
Sha Na Na
Doutorado: linguística,
Hofstra University

Buffy Sainte-Marie
cantora/compositora
Doutorado: artes plásticas,
University of Massachusetts

Preferência de gênero musical por graduados

P 17,5%   **Pu** 15%   **E** 10%   **F** 7,5%   **O** 7,5%   **R** 42,5%

wikipedia.org, music.cbc.com

77

PRIMEIRA PALAVRA
A primeira letra do nome de sua mãe

- A Audio
- B Black
- C Custom
- D Damaged
- E Electric
- F Future
- G Gold
- H Honest
- I Innocuous
- J Juke
- K King
- L Lost
- M Minor
- N Northern
- O Open
- P Pacific
- Q Quest
- R Remote
- S Static
- T Temporary
- U Unknown
- V Vicious
- W Wonder
- X Xanthus
- Y Yesterdays
- Z Zero

SEGUNDA PALAVRA
A primeira letra de seu nome

- A Atlas
- B Box
- C Century
- D Dreams
- E Empire
- F Flag
- G Ghost
- H Head
- I Island
- J Jam
- K Kicks
- L Legacy
- M Music
- N Nation
- O Output
- P Play
- Q Quarter
- R Restless
- S Sound
- T Takeover
- U Union
- V Victory
- W Wave
- X X-Ray
- Y Youth
- Z Zone

TERCEIRA PALAVRA
O dia de seu aniversário

1 Android
2 Border
3 Cradle
4 Denial
5 Engine
6 Fast
7 Garage
8 Horny
9 Instant
10 Jury
11 Kaos
12 Lion
13 Master
14 Noonday
15 Outcast
16 Poorboys
17 Quorum
18 Road
19 Sinners
20 Truckers
21 Umbrella
22 Vice
23 Workers
24 XXX
25 Yen
26 Zap
27 Artists
28 Brothers
29 Sisters
30 Family
31 Gods

QUARTA PALAVRA
O mês corrente

JAN Records
FEV Sounds
MAR Enterprises
ABR Recordings
MAI Studios
JUN Limited
JUL Label Group
AGO Entertainment
SET Corp.
OUT Inc.
NOV Disques
DEZ Discs

UM NOME PARA SEU SELO

Agora que as grandes gravadoras estão quase extintas e só contratam quem venceu um programa de TV de novos talentos, trabalhou com "mastermixers" suecos ou é parente ou namora algum rapper que virou empresário, muitos artistas-revelação têm criado o próprio selo – que precisa ter um nome. Veja aqui como escolhê-lo.

LPs dos Beach Boys 1962-2013
Estúdio 29   Ao vivo 5   Compilações 43
Músicas gravadas 412

As infinitas coletâneas dos Beach Boys
(músicas que aparecem mais vezes em diferentes compilações)

Música	Aparições
Good Vibrations	37
God Only Knows	33
California Girls	32
Sloop John B	30
I Get Around	30
Wouldn't It Be Nice	30
Heroes And Villains	29
Surfer Girl	27
Darlin'	27
Do It Again	27
Fun, Fun, Fun	26
Help Me, Rhonda	25
Barbara Ann	25
Little Deuce Coupe	24
Surfin' USA	23
Don't Worry Baby	23

TEMAS DAS MÚSICAS DOS BEACH BOYS

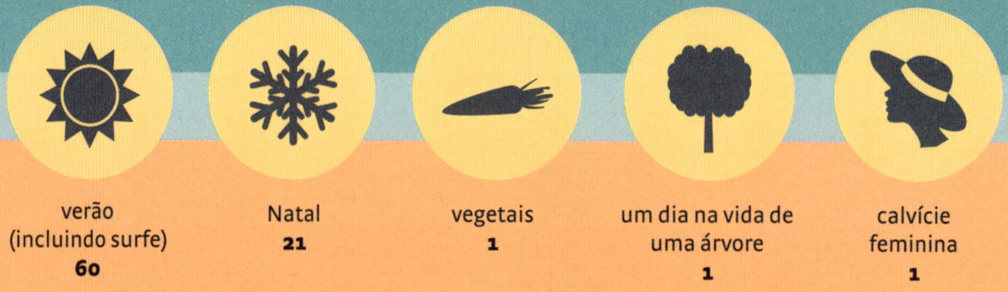

- verão (incluindo surfe) 60
- Natal 21
- vegetais 1
- um dia na vida de uma árvore 1
- calvície feminina 1

O MARAVILHOSO MUNDO DOS **BEACH BOYS**

Em mais de 50 anos gravando juntos, o quarteto vocal americano The Beach Boys lançou cerca de 400 músicas em 77 álbuns. Algumas delas apareceram em mais de um álbum, como mostramos aqui, ao lado de outros fatos aleatórios sobre essa banda que sempre foi mais do que verão, surfe e diversão.

O que aparece nas capas dos LPs dos Beach Boys

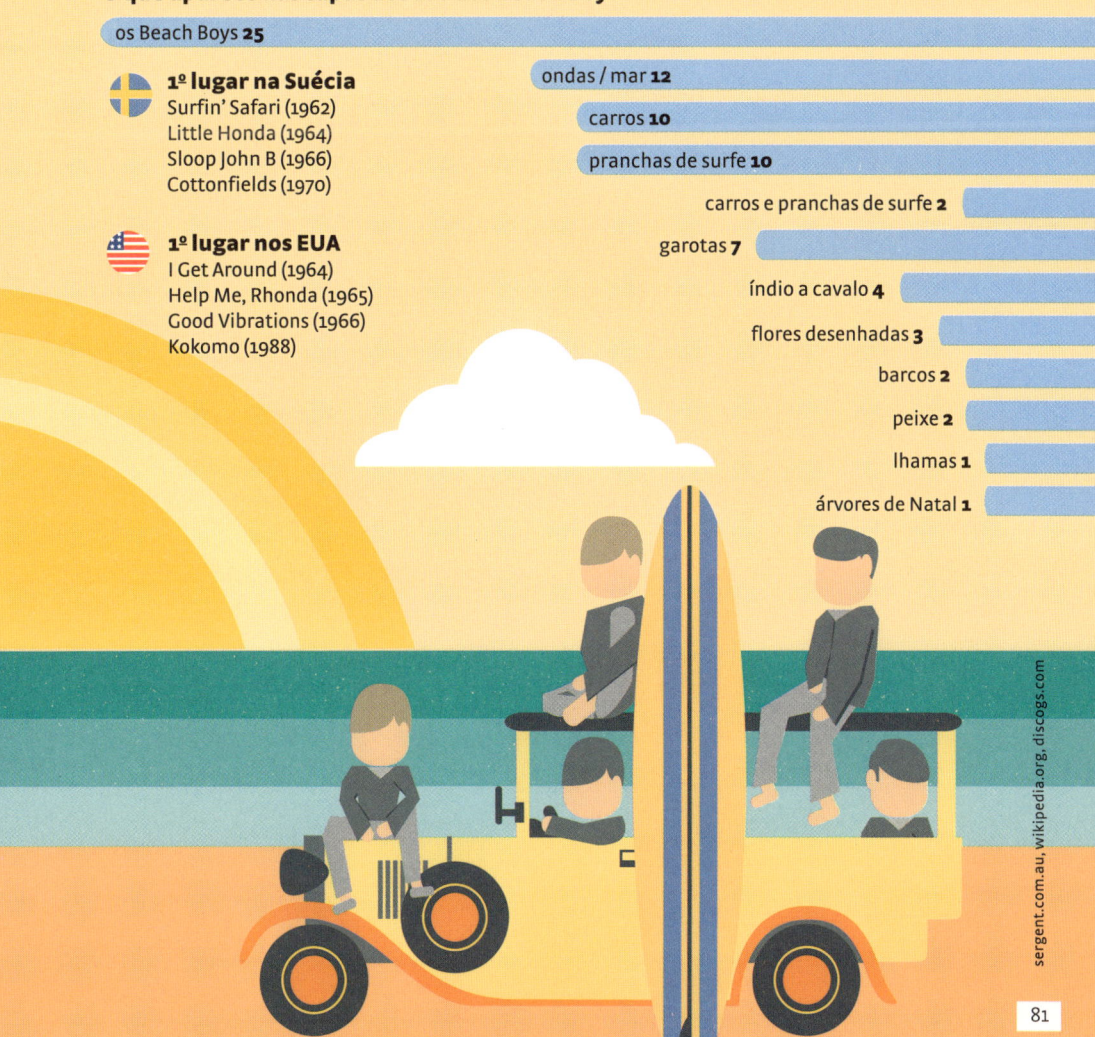

os Beach Boys **25**

🇸🇪 **1º lugar na Suécia**
Surfin' Safari (1962)
Little Honda (1964)
Sloop John B (1966)
Cottonfields (1970)

🇺🇸 **1º lugar nos EUA**
I Get Around (1964)
Help Me, Rhonda (1965)
Good Vibrations (1966)
Kokomo (1988)

ondas / mar **12**
carros **10**
pranchas de surfe **10**
carros e pranchas de surfe **2**
garotas **7**
índio a cavalo **4**
flores desenhadas **3**
barcos **2**
peixe **2**
lhamas **1**
árvores de Natal **1**

sergent.com.au, wikipedia.org, discogs.com

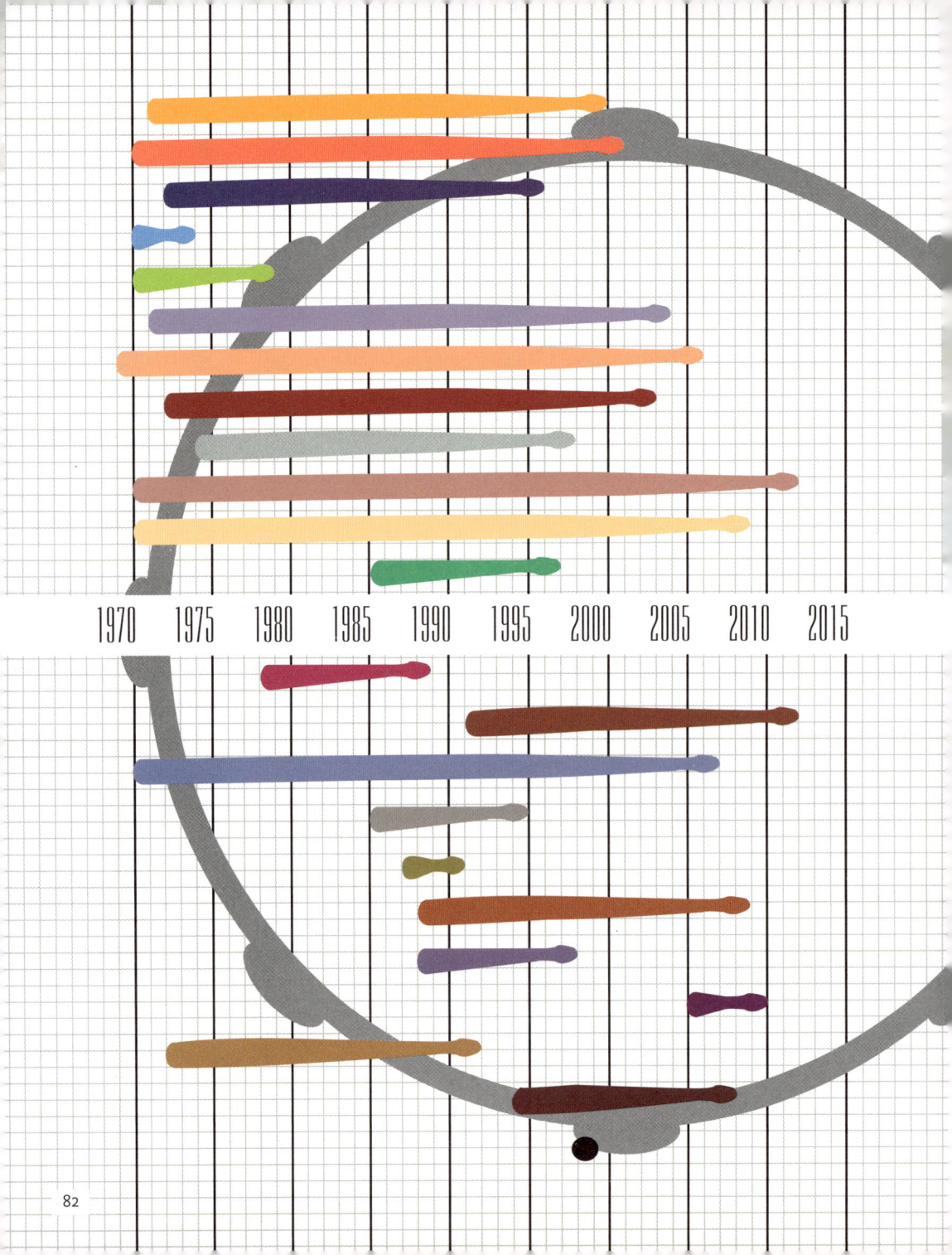

1970 1975 1980 1985 1990 1995 2000 2005 2010 2015

NO **COMPASSO**

Jim Keltner é talvez o baterista com melhores contatos no universo da música. Nos últimos 45 anos, trabalhou com todo mundo, dos pioneiros da Sun Records a lendas do blues, com três dos Beatles e com o líder dos Pixies. Estes são apenas os maiores destaques de sua carreira.

ARTISTA	NÚMERO DE CANÇÕES	DATA
Ry Cooder	14	1972-2001
George Harrison	11	1971-2002
Bob Dylan	10	1973-1997
John Lennon	7	1971-1975
Nilsson	7	1971-1980
Randy Newman	7	1972-2005
Joe Cocker	7	1970-2007
Ringo Starr	6	1973-2004
Dolly Parton	6	1975-1999
Carly Simon	5	1971-2013
Leon Russell	5	1971-2010
Elvis Costello	5	1986-1998
Tom Petty	5	1979-1990
T-Bone Burnett	5	1992-2013
B.B. King	4	1971-2008
Richard Thompson	4	1986-1996
Roy Orbison	4	1988-1992
Eric Clapton	4	1989-2010
David Crosby	3	1989-1999
Jerry Lee Lewis	3	2006-2011
Jackson Browne	3	1973-1993
Kris Kristofferson	3	1995-2009
Neil Young	3	1999-2000

jimkeltnerdiscography.blogspot.co.uk, wikipedia.org

♒ AQUÁRIO (20/01-18/02)

ASPECTO POSITIVO: Olhe para mim! Olhe para mim!
ASPECTO NEGATIVO: Para quem você está olhando?
ARTISTAS: Eddie Van Halen, Justin Timberlake, Phil Collins, Alice Cooper, Bobby Brown, Bob Marley, Garth Brooks, Henry Rollins, Peter Gabriel, Axl Rose, Neil Diamond, Shakira, Harry Styles

♓ PEIXES (19/02-20/03)

ASPECTO POSITIVO: Quero ensinar o mundo a cantar.
ASPECTO NEGATIVO: Cante do meu jeito ou saia do meu mundo.
ARTISTAS: Rihanna, David Gilmour, Kurt Cobain, George Harrison, Johnny Cash, Tony Iommi, Jon Bon Jovi, James Taylor, Liza Minnelli, Nat "King" Cole, Lou Reed, Justin Bieber

♈ ÁRIES (21/03-20/04)

ASPECTO POSITIVO: Viva a vida como só uma diva pode viver.
ASPECTO NEGATIVO: Viva a vida como só ESTA diva pode viver.
ARTISTAS: Aretha Franklin, Elton John, Diana Ross, Steven Tyler, Mariah Carey, Céline Dion, Lady Gaga

♉ TOURO (21/04-20/05)

ASPECTO POSITIVO: Ninguém tira os taurinos daqui.
ASPECTO NEGATIVO: Tem muito taurino aqui dentro.
ARTISTAS: Pete Townshend, Bono, Willie Nelson, James Brown, Barbra Streisand, Tammy Wynette, Billy Joel, Stevie Wonder, Janet Jackson, Busta Rhymes

♊ GÊMEOS (21/05-21/06)

ASPECTO POSITIVO: Quem sou eu hoje?
ASPECTO NEGATIVO: Aquele ali não era eu!
ARTISTAS: Steve Vai, Chet Atkins, Prince, Bob Dylan, Paul McCartney, Morrissey, Miles Davis, Lenny Kravitz, Stevie Nicks, Gladys Knight, Alanis Morissette, Kenny G, Paula Abdul, Tom Jones, Tupac Shakur, Biggie Smalls

♋ CÂNCER (22/06-22/07)

ASPECTO POSITIVO: Estou com a maior vontade de dançar.
ASPECTO NEGATIVO: Estou sem a menor vontade.
ARTISTAS: Joe Satriani, Carlos Santana, Yngwie Malmsteen, Al Di Meola, Beck, Cyndi Lauper, George Michael, Chris Isaak, Huey Lewis, Ringo Starr, Linda Ronstadt

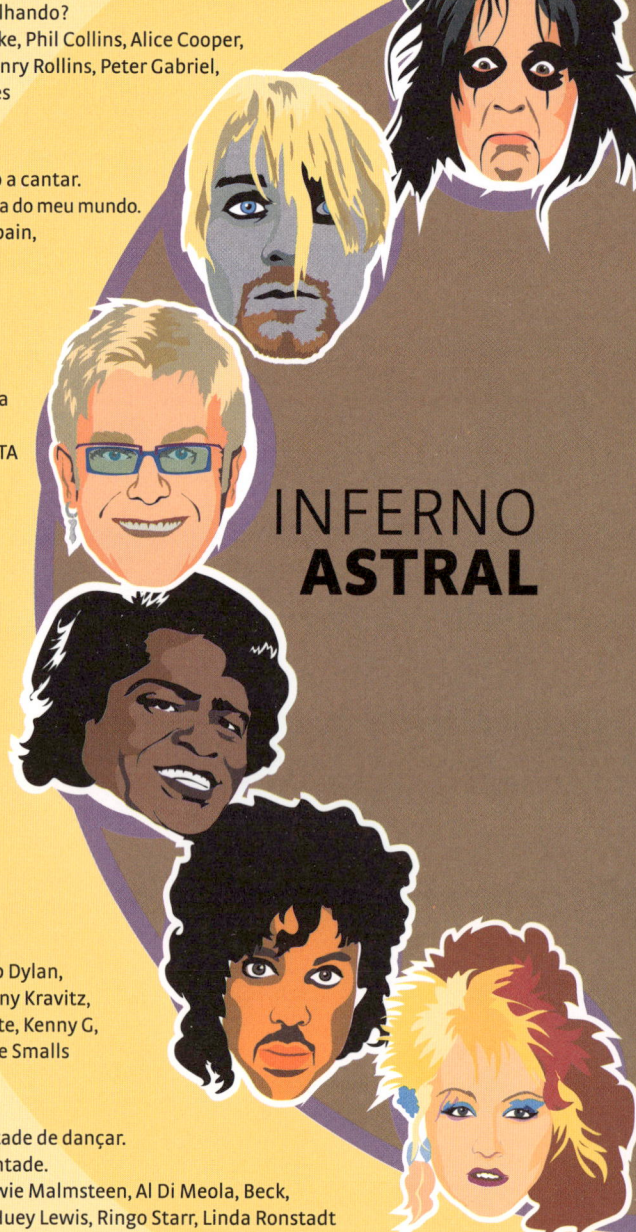

INFERNO **ASTRAL**

Os astrólogos acham que podemos ser definidos por suas leituras de astros e runas (não é isso?). Mas será que as predições do horóscopo se aplicam mesmo aos maiores astros mundiais do pop e do rock?

LEÃO (23/07-22/08)
ASPECTO POSITIVO: Pode deixar que eu cuido disso.
ASPECTO NEGATIVO: EU DISSE, PODE DEIXAR QUE EU CUIDO DISSO!
ARTISTAS: Jerry Garcia, Slash, Madonna, Mick Jagger, Whitney Houston, Kenny Rogers, Tori Amos

VIRGEM (23/08-22/09)
ASPECTO POSITIVO: A precisão é importante.
ASPECTO NEGATIVO: Eu sou maluco por controle.
ARTISTAS: B.B. King, Nuno Bettencourt, Van Morrison, Joan Jett, LeAnn Rimes, Shania Twain, Gloria Estefan, Amy Winehouse, Elvis Costello, Michael Jackson, Barry White, Billy Ray Cyrus, Bruce Springsteen, Freddie Mercury, Leonard Cohen, Sean Combs ou P. Diddy, Beyoncé

LIBRA (23/09-22/10)
ASPECTO POSITIVO: Amar, rir, chorar, cantar.
ASPECTO NEGATIVO: Como será que eu deveria ser hoje?
ARTISTAS: John Lennon, Trey Anastasio, Sting, Meat Loaf, Johnny Mathis, Paul Simon, Thom Yorke, Eminem, Jerry Lee Lewis, Snoop Dogg, Stevie Ray Vaughan, Tommy Lee, Toni Braxton, Julio Iglesias

ESCORPIÃO (23/10-21/11)
ASPECTO POSITIVO: Grrrrrrr!
ASPECTO NEGATIVO: Pfu...!
ARTISTAS: Neil Young, Bonnie Raitt, Joni Mitchell, Björk, Bryan Adams, Anthony Kiedis, Ben Harper, Keith Urban, Art Garfunkel

SAGITÁRIO (22/11-21/12)
ASPECTO POSITIVO: Eu sou um animal.
ASPECTO NEGATIVO: Um camaleão.
ARTISTAS: Jay-Z, Jimi Hendrix, Tom Waits, Ozzy Osbourne, Tina Turner, Bette Midler, Britney Spears, Sinead O'Connor, Frank Sinatra, Keith Richards, Edith Piaf, Nelly Furtado, Miley Cyrus

CAPRICÓRNIO (22/12-19/01)
ASPECTO POSITIVO: Tímido, tímido, excessivamente tímido.
ASPECTO NEGATIVO: Não estou nem aí.
ARTISTAS: Jimmy Page, John McLaughlin, Zakk Wylde, Janis Joplin, Michael Stipe, Marilyn Manson, David Bowie, Elvis Presley, Pat Benatar, Rod Stewart, LL Cool J, Dolly Parton, John Denver, Aaliyah, Annie Lennox

wikipedia.org

| 1º | 2º | 3º | 4º | casamentos | | filhos |

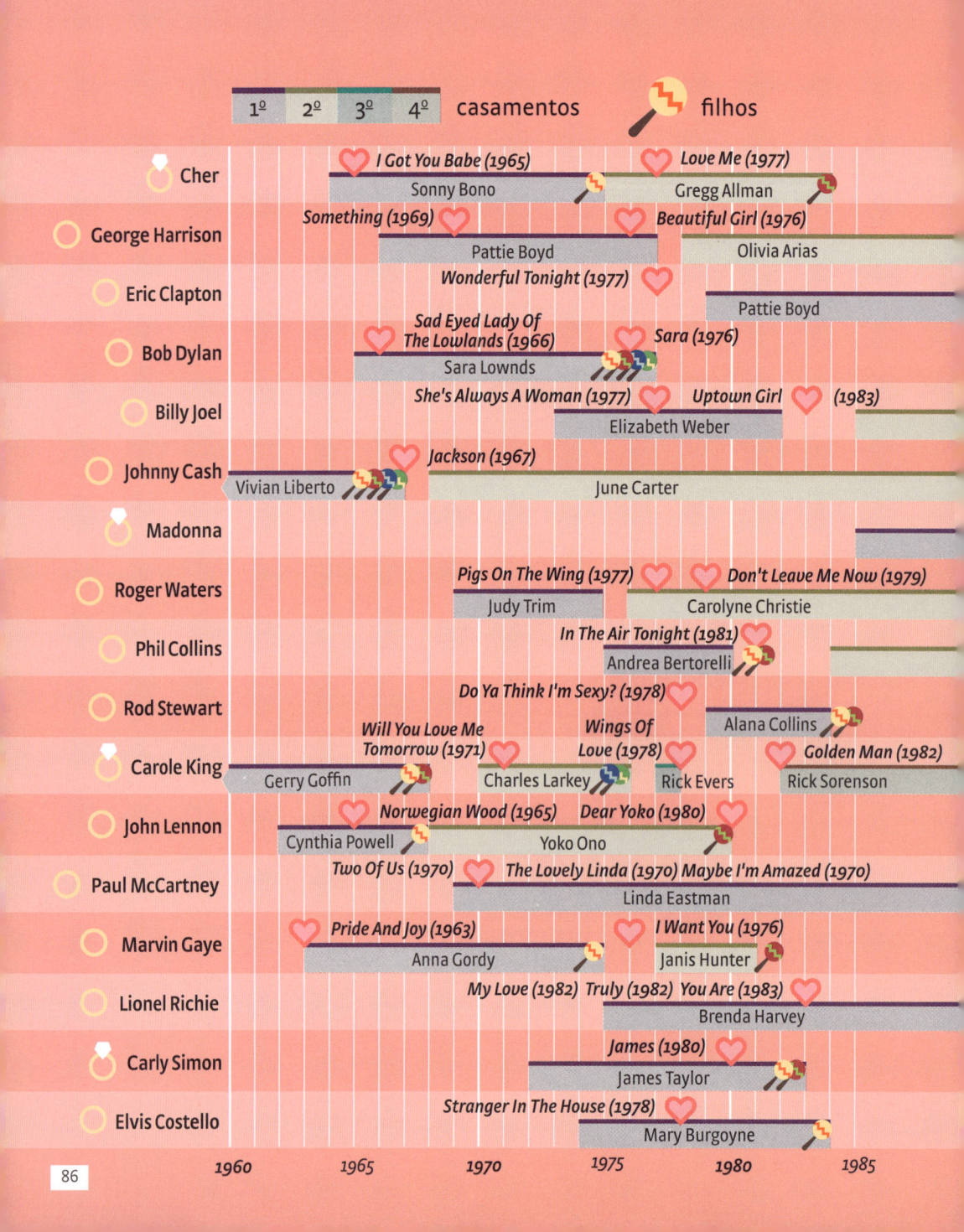

Cher
- *I Got You Babe (1965)* — Sonny Bono
- *Love Me (1977)* — Gregg Allman

George Harrison
- *Something (1969)* — Pattie Boyd
- *Beautiful Girl (1976)* — Olivia Arias

Eric Clapton
- *Wonderful Tonight (1977)* — Pattie Boyd

Bob Dylan
- *Sad Eyed Lady Of The Lowlands (1966)* — Sara Lownds
- *Sara (1976)*

Billy Joel
- *She's Always A Woman (1977)* / *Uptown Girl (1983)* — Elizabeth Weber

Johnny Cash
- Vivian Liberto
- *Jackson (1967)* — June Carter

Madonna

Roger Waters
- *Pigs On The Wing (1977)* — Judy Trim
- *Don't Leave Me Now (1979)* — Carolyne Christie

Phil Collins
- *In The Air Tonight (1981)* — Andrea Bertorelli

Rod Stewart
- *Do Ya Think I'm Sexy? (1978)* — Alana Collins

Carole King
- *Will You Love Me Tomorrow (1971)* — Gerry Goffin
- *Wings Of Love (1978)* — Charles Larkey
- Rick Evers
- *Golden Man (1982)* — Rick Sorenson

John Lennon
- *Norwegian Wood (1965)* — Cynthia Powell
- *Dear Yoko (1980)* — Yoko Ono

Paul McCartney
- *Two Of Us (1970)* / *The Lovely Linda (1970)* / *Maybe I'm Amazed (1970)* — Linda Eastman

Marvin Gaye
- *Pride And Joy (1963)* — Anna Gordy
- *I Want You (1976)* — Janis Hunter

Lionel Richie
- *My Love (1982)* / *Truly (1982)* / *You Are (1983)* — Brenda Harvey

Carly Simon
- *James (1980)* — James Taylor

Elvis Costello
- *Stranger In The House (1978)* — Mary Burgoyne

1960   1965   1970   1975   1980   1985

ESTA É PRA **VOCÊ**, AMOR!

Músicos apaixonados que se casam costumam compor e gravar canções sobre seus parceiros. Pode ser mais de uma música e mais de um companheiro, e eles dizem "adeus" tão facilmente quanto "eu te amo". Pelo menos é o que mostram as obras destes artistas casados muitas vezes.

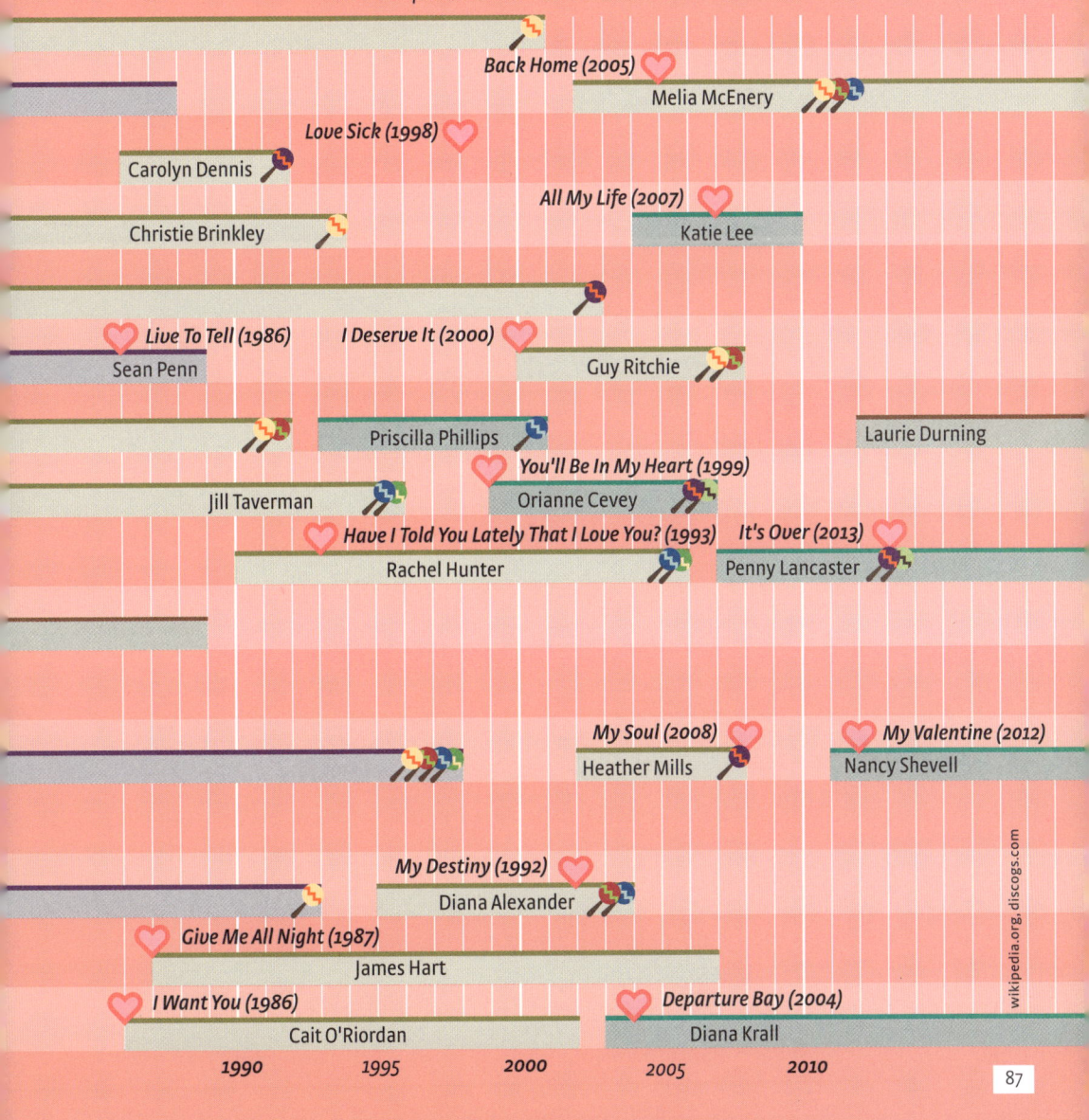

Back Home (2005) — Melia McEnery

Love Sick (1998) — Carolyn Dennis

Christie Brinkley

All My Life (2007) — Katie Lee

Live To Tell (1986) — Sean Penn

I Deserve It (2000) — Guy Ritchie

Priscilla Phillips

Laurie Durning

Jill Taverman

You'll Be In My Heart (1999) — Orianne Cevey

Have I Told You Lately That I Love You? (1993) — Rachel Hunter

It's Over (2013) — Penny Lancaster

My Soul (2008) — Heather Mills

My Valentine (2012) — Nancy Shevell

My Destiny (1992) — Diana Alexander

Give Me All Night (1987) — James Hart

I Want You (1986) — Cait O'Riordan

Departure Bay (2004) — Diana Krall

1990 — 1995 — 2000 — 2005 — 2010

wikipedia.org, discogs.com

SURTO DO ROCK PROGRESSIVO

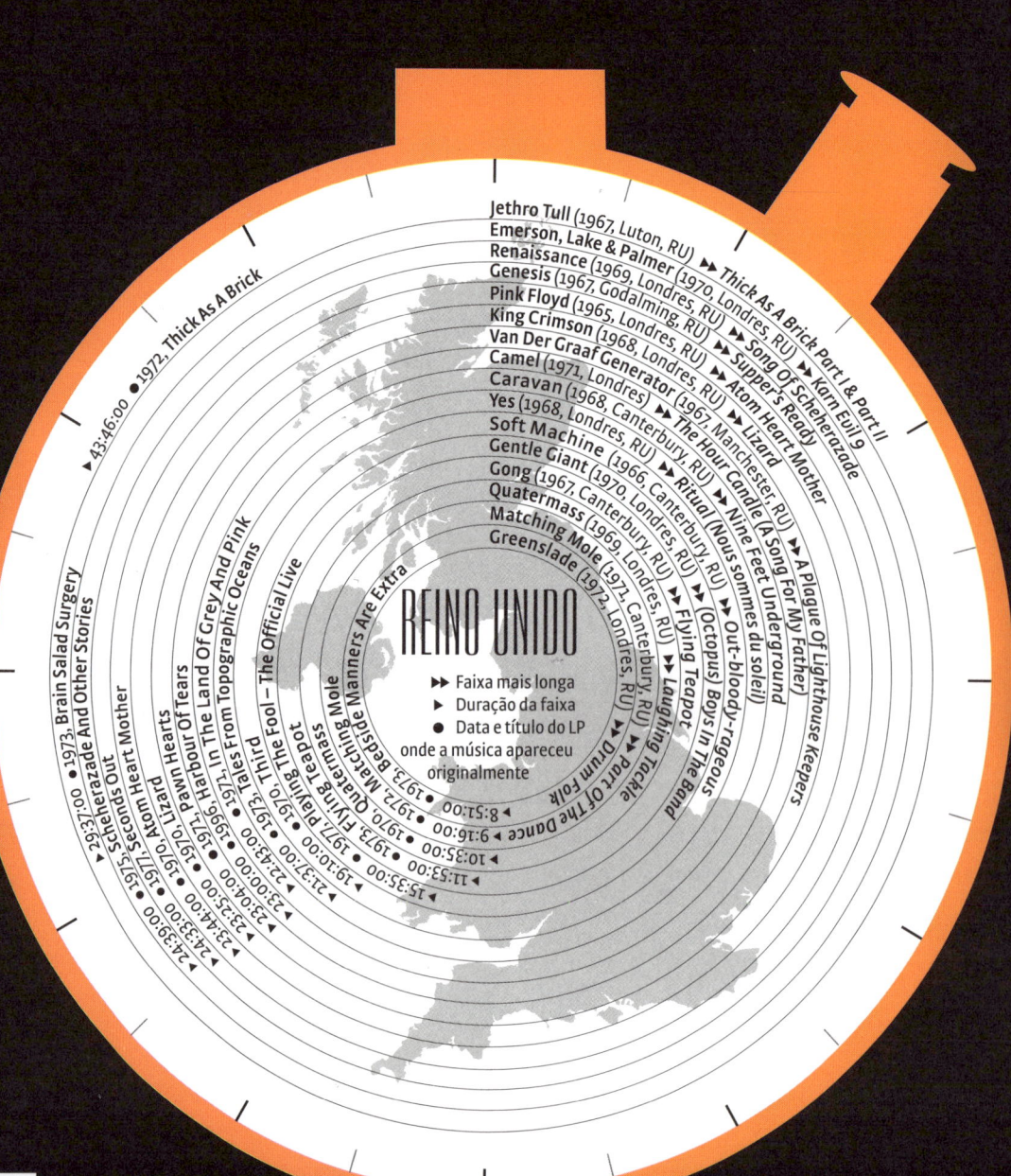

REINO UNIDO

- ▶▶ Faixa mais longa
- ▶ Duração da faixa
- ● Data e título do LP onde a música apareceu originalmente

Jethro Tull (1967, Luton, RU) ▶▶ Thick As A Brick Part I & Part II
Emerson, Lake & Palmer (1970, Londres, RU) ▶▶ Karn Evil 9
Renaissance (1969, Londres, RU) ▶▶ Song Of Scheherazade
Genesis (1967, Godalming, RU) ▶▶ Supper's Ready
Pink Floyd (1965, Londres, RU) ▶▶ Atom Heart Mother
King Crimson (1968, Londres, RU) ▶▶ Lizard
Van Der Graaf Generator (1967, Manchester, RU) ▶▶ A Plague Of Lighthouse Keepers
Camel (1971, Londres) ▶▶ Nine Feet Underground
Caravan (1968, Canterbury, RU) ▶▶ The Hour Candle (A Song For My Father)
Yes (1968, Londres, RU) ▶▶ Ritual (Nous sommes du soleil)
Soft Machine (1966, Canterbury) ▶▶ Out-bloody-rageous
Gentle Giant (1970, Londres, RU) ▶▶ (Octopus) Boys In The Band
Gong (1967, Canterbury, RU) ▶▶ Flying Teapot
Quatermass (1969, Londres, RU) ▶▶ Laughing Tackle
Matching Mole (1971, Canterbury, RU) ▶▶ Part Of The Dance
Greenslade (1972, Londres, RU) ▶▶ Drum Folk

▶ 43:46:00 ● 1972, Thick As A Brick
29:37:00 ● 1973, Brain Salad Surgery
● 1975, Scheherazade And Other Stories
● 1977, Seconds Out
24:39:00 ● 1970, Atom Heart Mother
23:44:00 ● 1970, Lizard
23:04:00 ● 1971, Pawn Hearts
23:00:00 ● 1971, In The Land Of Grey And Pink
21:37:00 ● 1973, Tales From Topographic Oceans
19:10:00 ● 1970, Third
15:35:00 ● 1972, Playing The Fool – The Official Live
11:53:00 ● 1973, Matching Manners Are Extra
10:35:00 ● 1972, Bedside Manners Are Extra
9:16:00 ● 1973, Flying Teapot
8:51:00 ● 1970, Quatermass

Ao pesquisar a extensão da faixa mais longa lançada em vinil por uma banda de rock progressivo de Canterbury a Colônia, de Uppsala a Luton, de Milão a Paris, vemos que os italianos foram os menos inclinados a tocar faixas longas e que 1973 foi o ano das maiores loucuras.

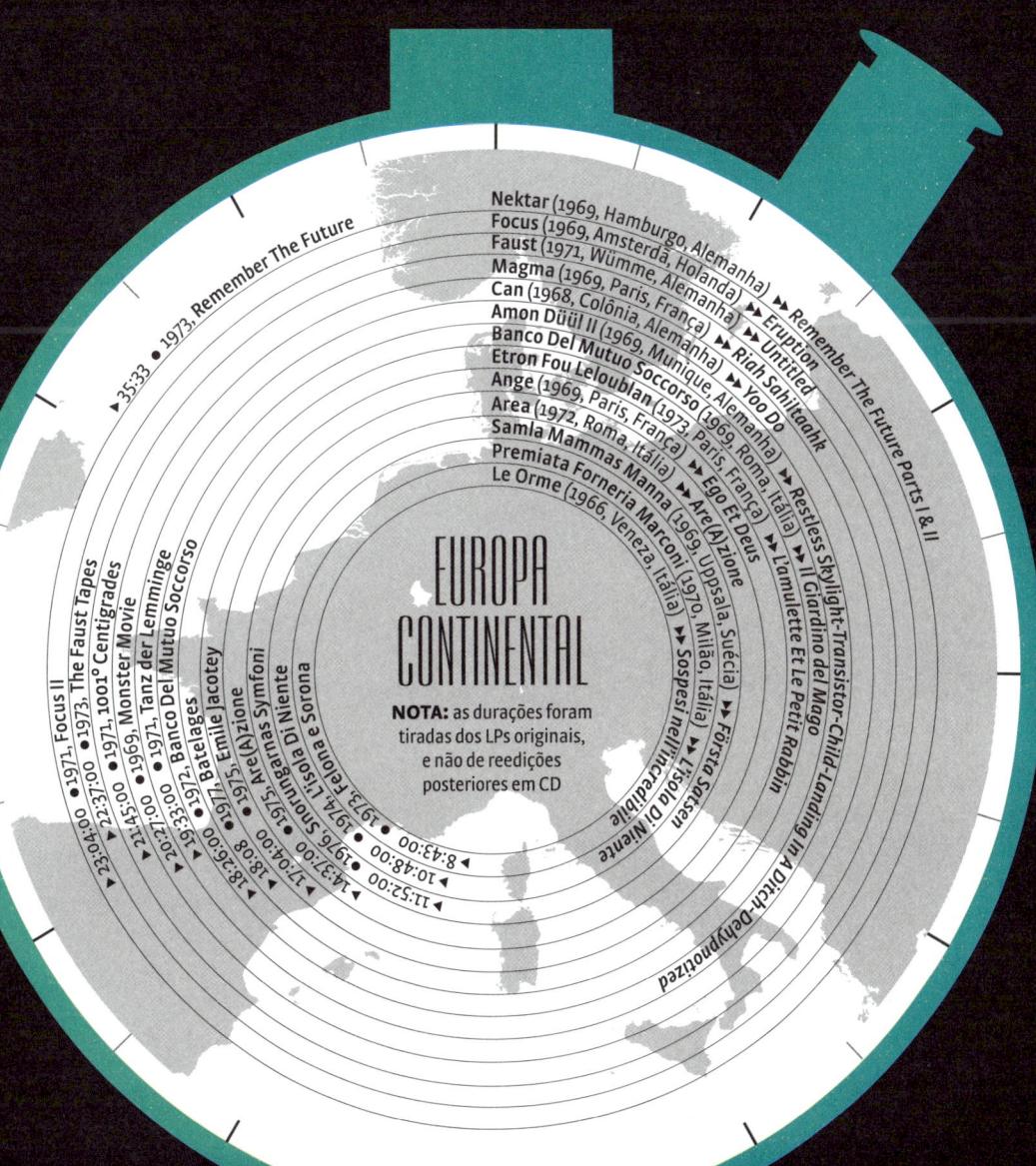

EUROPA CONTINENTAL

NOTA: as durações foram tiradas dos LPs originais, e não de reedições posteriores em CD

Nektar (1969, Hamburgo, Alemanha) ▶▶ Remember The Future Parts I & II
Focus (1969, Amsterdã, Holanda) ▶▶ Eruption
Faust (1971, Wümme, Alemanha) ▶▶ Untitled
Magma (1969, Paris, França) ▶▶ Riah Sahiltaahk
Can (1968, Colônia, Alemanha) ▶▶ Yoo Doo
Amon Düül II (1969, Munique, Alemanha) ▶▶ Restless Skylight-Transistor-Child-Landing In A Ditch-Dehypnotized
Banco Del Mutuo Soccorso (1969, Roma, Itália) ▶▶ Il Giardino del Mago
Etron Fou Leloublan (1973, Paris, França) ▶▶ L'amulette Et Le Petit Rabbin
Ange (1969, Paris, França) ▶▶ Ego Et Deus
Area (1972, Roma, Itália) ▶▶ Are (A)zione
Samla Mammas Manna (1969, Uppsala, Suécia) ▶▶ Sospesi nell'incredibile
Premiata Forneria Marconi (1970, Milão, Itália) ▶▶ L'Isola Di Niente
Le Orme (1966, Veneza, Itália) ▶▶ Fōrsta Satsen

▶ 35:33 • 1973, Remember The Future
▶ 23:04:00 • 1971, Focus II
▶ 22:37:00 • 1973, The Faust Tapes
▶ 21:45:00 • 1971, 1001º Centígrades
▶ 20:27:00 • 1969, Monster Movie
▶ 19:33:00 • 1972, Tanz der Lemminge
▶ 18:26:00 • 1972, Banco Del Mutuo Soccorso
▶ 18:08 • 1977, Batelages
▶ 17:04:00 • 1975, Are (A)zione
▶ 14:37:00 • 1976, Snorungarnas Symfoni
▶ 11:52:00 • 1974, L'Isola e Sorona
▶ 10:48:00 • 1973, Felona e Sorona
▶ 8:43:00

wikipedia.org, discogs.com, youtube.com

The Piper At The Gates Of Dawn 60 mil cópias

A Saucerful Of Secrets 60 mil cópias

More (Soundtrack) 100 mil cópias

Ummagumma 1,16 milhão de cópias

Atom Heart Mother 1,35 milhão de cópias

Meddle 2,4 milhões de cópias

Obscured By Clouds 560 mil cópias

The Dark Side Of The Moon 50 milhões de cópias

TONS DE **PINK**

O Pink Floyd revolucionou a música quando apareceu como um quarteto de rock psicodélico em 1966. A cada álbum lançado de 1967 a 1973, suas vendas aumentavam incrivelmente, e, embora o ritmo tenha desacelerado um pouco após The Dark Side Of The Moon, *eles ainda desfrutaram enorme sucesso, como esta linha do tempo mostra.*

Wish You Were Here
20 milhões de cópias

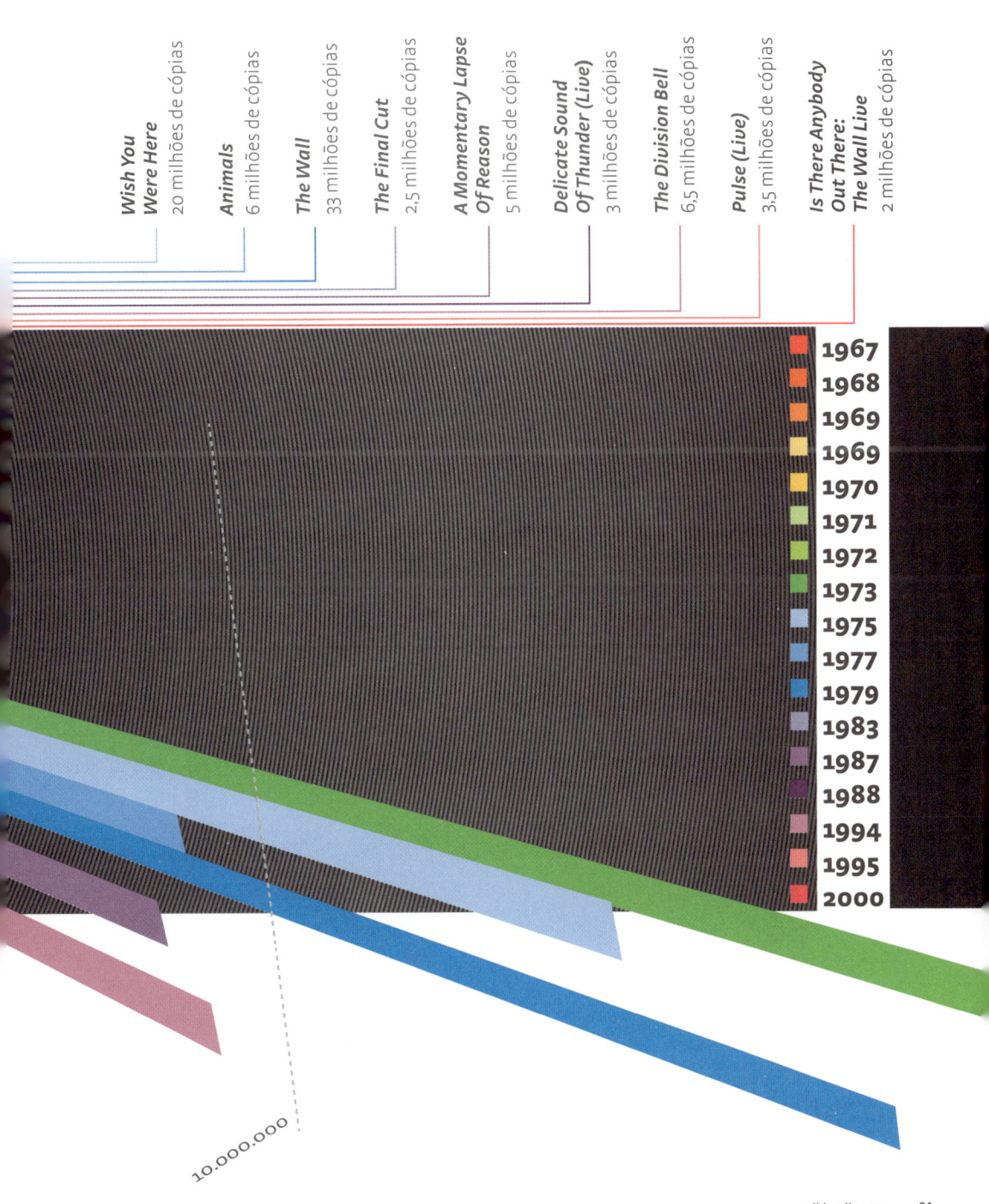

Animals
6 milhões de cópias

The Wall
33 milhões de cópias

The Final Cut
2,5 milhões de cópias

A Momentary Lapse Of Reason
5 milhões de cópias

Delicate Sound Of Thunder (Live)
3 milhões de cópias

The Division Bell
6,5 milhões de cópias

Pulse (Live)
3,5 milhões de cópias

Is There Anybody Out There: The Wall Live
2 milhões de cópias

1967
1968
1969
1969
1970
1971
1972
1973
1975
1977
1979
1983
1987
1988
1994
1995
2000

10.000.000

wikipedia.com

O QUE OS **INGRESSOS** PAGAM

Os custos de turnê para um artista, seja qual for seu porte, têm que ser bancados pelo preço do ingresso. Mas nem todos os astros conseguem faturar apenas com a venda de ingressos, como mostram as contas de custos de um show do cantor britânico Fish e de sua banda num local de porte médio na Europa.

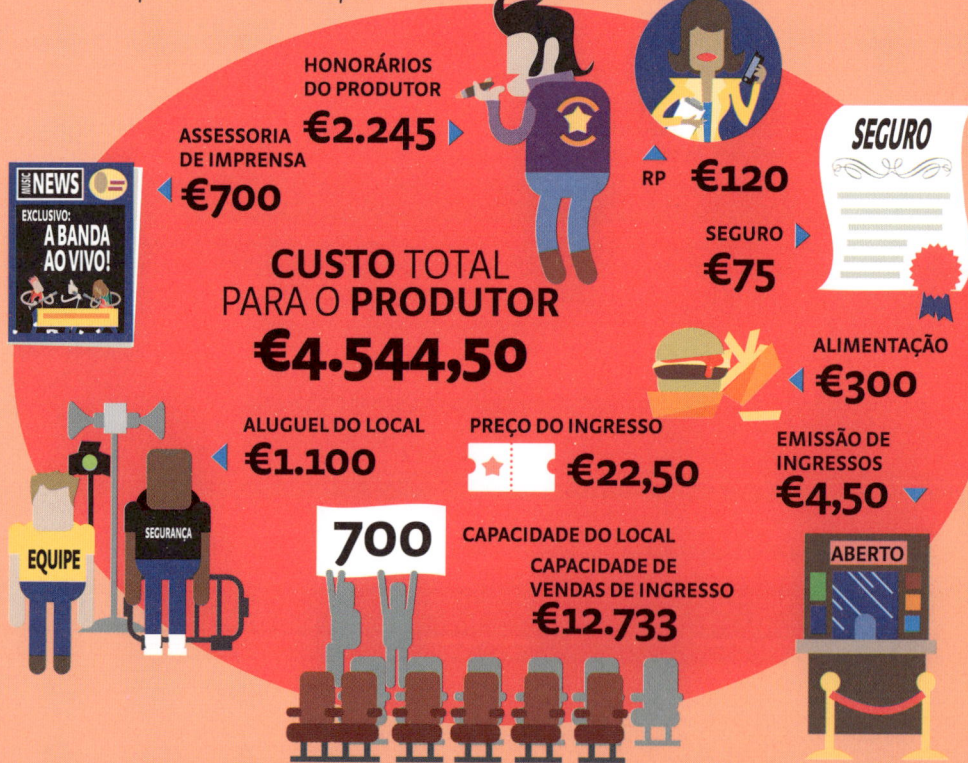

HONORÁRIOS DO PRODUTOR
€2.245

ASSESSORIA DE IMPRENSA
€700

RP €120

SEGURO
€75

CUSTO TOTAL PARA O PRODUTOR
€4.544,50

ALIMENTAÇÃO
€300

ALUGUEL DO LOCAL
€1.100

PREÇO DO INGRESSO
€22,50

EMISSÃO DE INGRESSOS
€4,50

700
CAPACIDADE DO LOCAL

CAPACIDADE DE VENDAS DE INGRESSO
€12.733

PONTOS A DESTACAR

Garantia (limite além do qual o lucro é dividido 70:30 em favor do artista): €2.250 ou 273 ingressos.

Os valores acima gerariam uma perda de €246 em relação à garantia, mas com o merchandising isso se torna lucro de €254.

Para cada 100 ingressos vendidos acima da garantia, o artista ganha mais de €1.200 de renda adicional de merchandising.

No entanto, as vendas raramente excedem 500 ingressos por show.

Em uma turnê de doze datas com três dias de folga, a perda líquida se houver faturamento em merchandising é de €6.500.

Uma turnê desse tipo com lotação esgotada levantaria um bruto de €45.000, descontando impostos, mas isso seria incomum.

GARANTIA
€2.250
ou
273 INGRESSOS

fisheadsclub.com

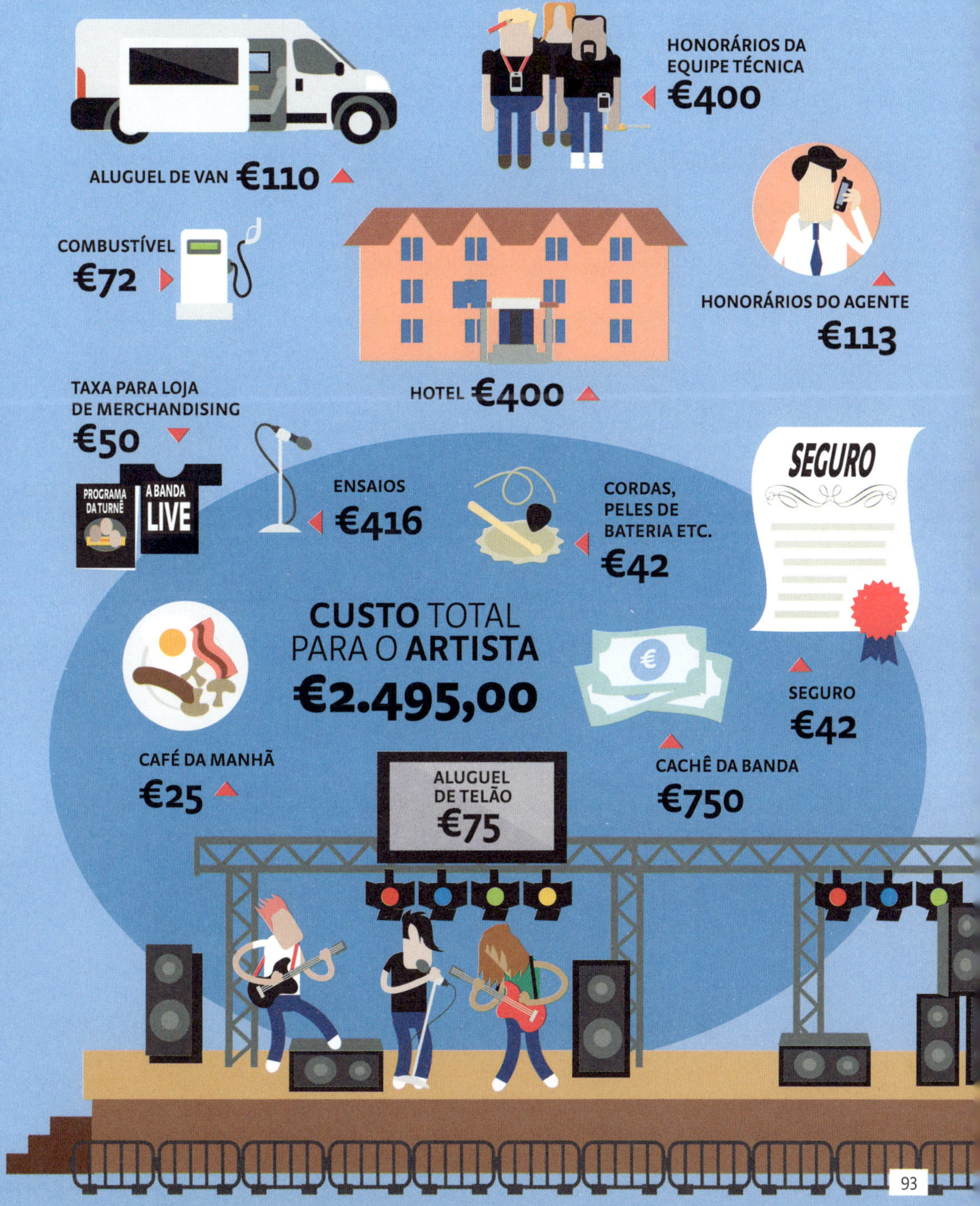

ALUGUEL DE VAN **€110**

COMBUSTÍVEL **€72**

HONORÁRIOS DA EQUIPE TÉCNICA **€400**

HOTEL **€400**

HONORÁRIOS DO AGENTE **€113**

TAXA PARA LOJA DE MERCHANDISING **€50**

ENSAIOS **€416**

CORDAS, PELES DE BATERIA ETC. **€42**

CUSTO TOTAL PARA O ARTISTA €2.495,00

SEGURO **€42**

CAFÉ DA MANHÃ **€25**

ALUGUEL DE TELÃO **€75**

CACHÊ DA BANDA **€750**

FAÇAMOS AMOR

Na década de 1960, o mundo do rock 'n' roll era muito pequeno, e quaisquer artistas com um mínimo de fama se conheciam uns aos outros. Todos tocavam nos mesmos lugares, se esbarravam nos estúdios e faziam amor, não a guerra, entre eles. No cerne dessa interconectividade estavam homens e mulheres que simplesmente amavam demais.

O companheiro de banda de Crosby e Nash, **Stephen Stills**, se apaixonou por **Rita Coolidge**

Rita trocou Stills por Nash

que tinha acabado de deixar **JONI MITCHELL**

que tinha assinado um contrato com **David Geffen**,

GRAHAM NASH

que acabou se casando com **Kris Kristofferson**,

que fora apresentado a Joni pelo namorado dela, **David Crosby**

amante de **Cher**,

que tinha sido casada com **Sonny Bono**

que anteriormente teve um caso com **Joan Baez**,

antiga namorada de **BOB DYLAN**,

poucas semanas após ela ter um caso com **LEONARD COHEN**

que teve um relacionamento com

que saiu em turnê com **Sam Shepard**,

e **Gregg Allman**

Nash escreveu a canção *Carrie Ann* para Marianne

que teve um caso com **Marianne Faithfull**, que havia sido a companheira de Mick desde o início dos anos 1970, quando

Brian Jones, dos Rolling Stones

namorava **Anita Pallenberg**, que o deixou para ficar com

teve um caso com **Carly Simon**,

que era noiva de **James Taylor**, amigo de

MICK JAGGER

KEITH RICHARDS

que era casado com **Bianca Jagger**

e tinha uma filha, **Mackenzie**, que mais tarde se envolveu com

atuou como amante de Anita Pallenberg no filme *Performance*, o que irritou

quando foi apresentado a **Jerry Hall** por seu amante,

que era casado com **Michelle Phillips**

BRYAN FERRY

que foi casada por oito dias com **Dennis Hopper**,

que antes tivera um caso com **John Phillips**,

CARLY SIMON

Depois, Michelle conheceu **Warren Beatty**, que teve um caso com

a quem foi apresentada por **Gene Clark**.

wikipedia.org

COMO TER **SUCESSO** NA MÚSICA

A indústria musical mudou muito entre meados da década de 1990 e 2014, e não só na maneira pela qual se consome música – os processos de fazer música e alcançar o sucesso também passaram por alterações radicais. Veja como.

PARA FAZER SUCESSO EM 2014

n. 1997

★ **4-10 anos (2001-2007)** Aprenda a jogar Gameboy, PS2, PS3, Wii · Pratique por 10 mil horas · Descubra o MySpace ★ **10-13 anos (2007-2010)** Envolva-se seriamente com o YouTube · Faça seus amigos e família 'curtirem' seus vídeos e sua página do Facebook · Faça uma página de fãs você tem na internet · Aprenda a cantar uma balada com muita afetação · Inscreva-se em show de talentos da TV, 'curtirem' seus vídeos e sua página do Facebook · Faça uma página de fãs você tem na internet · Aprenda a cantar uma balada com muita afetação · Inscreva-se em show de talentos da TV, Pro Tools e Auto-Tune · Faça um curso em uma agência de talentos e convença o dono da agência a ser seu empresário · Compre um notebook com Pro Tools e Auto-Tune · Faça músicas novas a partir de suas favoritas no computador · Participe de um concurso de talentos musicais na TV · Faça músicas novas a partir de suas favoritas no computador · Participe de um concurso de talentos musicais na TV · Compre um serviço de beatstreaming · Faça uma boa no concurso de talentos musicais da TV, a ponto de receber ofertas para assinar contrato com alguma produtora · Assine um serviço de beatstreaming · Faça uma boa no concurso de talentos musicais da TV, a ponto de receber ofertas para assinar contrato com alguma produtora · Assine uma colocação na produtora · Grave um dueto com algum cantor famoso · Lance um single somente on-line, e a cada hora nas próximas 24 horas divulgue remixes desse mesmo single · Cante músicas escolhidas pela produtora · Grave sua trágica história com exclusividade para um grande jornal ou revista · A produtora envia a história ★ **13-15 anos (2010-2012)** · Tenha um single que vendeu mais rápido' (na Letônia) · Comece um relacionamento com alguém Reformule o seu visual · **1º e 2º ano (2012-2013)** Cante músicas desse mesmo single · Apareça como convidado no disco de algum ★ **VIDA PROFISSIONAL** · Cante músicas que saem mais velho · Apareça como convidado no disco de algum Conheça garotos mais velhos que sabem como gravar faixas · Coloque vocais em um monte de bases pré-gravadas, mas seja rejeitado por ser muito jovem. · Coloque vocais em um monte de bases pré-gravadas, Publique vídeos cantando a música preferida sobre matéria local a publicar uma matéria sobre ti · propaganda de uma marca de roupas revitalizada · Dê um jeito de Convença um jornal local a publicar uma matéria sobre ti · **3º ano (2014)** Tenha um relacionamento com alguém famoso da TV, cinema, esporte ou música · Torne-se garoto(a)-propaganda de uma marca de roupas revitalizada · Dê um jeito de ser visto no palco da Madonna · Coloque vocais em um monte de bases pré-gravadas, produtor/DJ famoso · Torne-se garoto(a), alegando "diferenças musicais" · Apareça como convidado no disco de algum turnê e a abandone após três apresentações, alegando "diferenças musicais" · Tenha um relacionamento com alguém e o single incessantemente para todos... até que a música se torna 'o single que vendeu mais rápido' (na Letônia) · Comece um relacionamento com alguém Seja pago para aparecer num reality show de celebridades. para considerá-la, ela é seu álbum de estreia e divulgue uma faixa por mês.

VOCÊ CHEGOU LÁ!

96

PARA FAZER SUCESSO EM 1994

n. 1972

★ **VIDA PROFISSIONAL**

★ **4-10 anos (1976-1982)** Aprenda a tocar um instrumento • Pratique por no mínimo 10 mil horas • Assista somente a programas de música na TV • Compre um instrumento elétrico e amplificador ou bateria

★ **10-15 anos (1982-1987)** Se dedique a um único estilo musical (rock, punk, R&B, country etc.) e aprenda a tocar covers • Assista ao maior número de shows possível • Toque em festas de amigos • Peça para o amigo de seus artistas favoritos • Compre um pequeno sistema de PA • Mande sua fita demo para gravadoras independentes • Contrate um gravadora grande

★ **15-20 anos (1987-1992)** Forme uma banda e ensaie três vezes por semana • Apresente-se o máximo que puder, pague para tocar e não receba nenhum dinheiro • Compre uma van • Toque em casamentos • Grave um álbum de estreia • Assine um contrato com um selo independente • Contrate um assessor de imprensa • Toque de graça para jornalistas de música • Pague para ser banda de abertura para artista maior • Despeça integrantes feios da banda • Contrate um promoter de shows • Compre um amigo para assistir a seus shows • Contrate um gravadora • Lance álbum de estreia • Participe de programa noturno de TV

★ **1° e 2° ano (1991-1992)** Profissionalize-se • Despeça o primeiro empresário e contrate um de verdade • Faça uma sessão de fotos com fotógrafo profissional • Pague para gravar uma fita demo em estúdio • Faça o maior número de shows que conseguir • Convide olheiros de gravadoras para assistir seu roadie • Peça para a seu amigo ser seu roadie • Faça uma turnê para promover single e capa chocantes e remix • Lance single com título e capa chocantes • doze canções

★ **2° e 3° ano (1992-1993)** Pague para gravar, produzir prensar um single em CD e vinil e lance por um selo independente • Contrate um gravadora • Faça uma turnê para promover single e capa chocantes e remix

★ **3° e 4° ano (1993-1994)** Toque em show gratuito para pessoal da imprensa musical e jornais locais • Faça uma turnê com a companhia de modelos ou famoso da TV • Despeça de novo o empresário e contrate um sugerido pela gravadora • Pague para ser banda de abertura para artista maior • Despeça integrantes feios da banda • Contrate um promoter de shows • Conceda entrevistas para a imprensa musical e jornais locais • Lance álbum de estreia • Participe de programa noturno de TV • Faça participações em cada estação de rádio no caminho da turnê • Conceda entrevistas seja visto(a) em boate ou restaurante em companhia de modelo ou famoso da TV • Faça com que o(a) vocalista seja visto(a) em boate ou restaurante em companhia de modelo ou famoso da TV • Envolva-se em briga com algum outro artista famoso em lugares públicos • Lance o single • Apareça em programas de TV com esse artista para provar que são amigos • Lance o single • Apareça em cinema • Envolva-se em briga com algum outro artista para provar que são amigos • Lance o single

VOCÊ CHEGOU LÁ!

não ouça mais nada.

E NO FINAL...

Os Beatles foram o grupo mais bem-sucedido da história da música pop. Quando se separaram em 1970, cada um iniciou carreira solo. Embora Paul tenha se mantido na ativa e vendido muito mais álbuns, os outros três também se saíram surpreendentemente bem. Ringo é o único que participou de lançamentos de todos os antigos colegas de banda. As listas não incluem álbuns de compilações nem aqueles nos quais os ex-Beatles apareceram apenas como convidados.

Give My Regards To Broad Street (1984) + Ringo **1 milhão**
Pipes Of Peace (1983) + Ringo **1,6 milhão**
Tug Of War (1982) + Ringo **1,25 milhão**
The Traveling Wilburys Vol. 3 (1990) **1,4 milhão**
The Traveling Wilburys Vol. 1 (1988) **3,66 milhões**
Cloud Nine (1987) **1,6 milhão**
All Things Must Pass (1970) + Ringo **6,1 milhões**

GANHOS NA VIDA (EM MILHÕES DE US$)

GEORGE 16,83
PAUL 29,33
RINGO 5,39
JOHN 9,65

Back In The US (2002) **2,1 milhões**

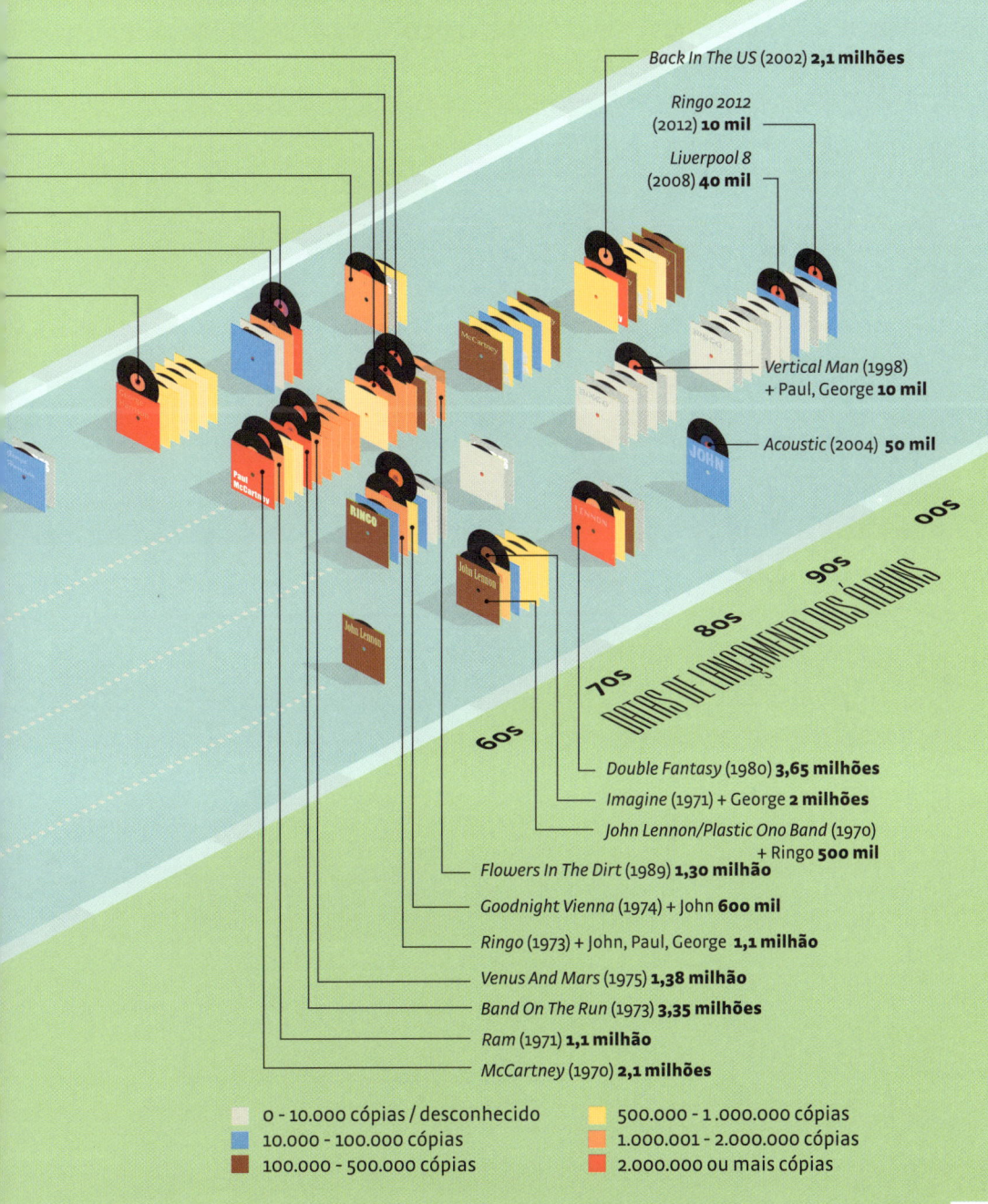

Ringo 2012 (2012) **10 mil**

Liverpool 8 (2008) **40 mil**

Vertical Man (1998) + Paul, George **10 mil**

Acoustic (2004) **50 mil**

DATAS DE LANÇAMENTO DOS ÁLBUNS

60s 70s 80s 90s 00s

Double Fantasy (1980) **3,65 milhões**
Imagine (1971) + George **2 milhões**
John Lennon/Plastic Ono Band (1970) + Ringo **500 mil**
Flowers In The Dirt (1989) **1,30 milhão**
Goodnight Vienna (1974) + John **600 mil**
Ringo (1973) + John, Paul, George **1,1 milhão**
Venus And Mars (1975) **1,38 milhão**
Band On The Run (1973) **3,35 milhões**
Ram (1971) **1,1 milhão**
McCartney (1970) **2,1 milhões**

- 0 - 10.000 cópias / desconhecido
- 10.000 - 100.000 cópias
- 100.000 - 500.000 cópias
- 500.000 - 1.000.000 cópias
- 1.000.001 - 2.000.000 cópias
- 2.000.000 ou mais cópias

RADIOHEAD POR GÊNERO

Como organizar direito as faixas do Radiohead em sua biblioteca de MP3.

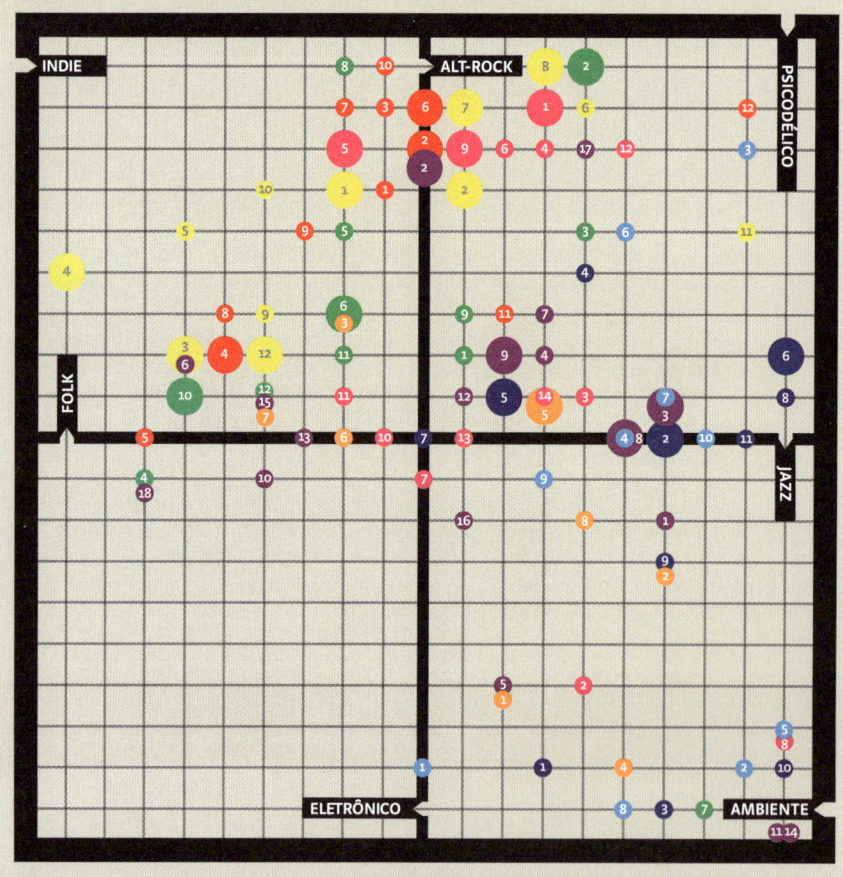

INDIE — ALT-ROCK — PSICODÉLICO — FOLK — JAZZ — ELETRÔNICO — AMBIENTE

PABLO HONEY: 1 YOU 2 CREEP 3 HOW DO YOU? 4 STOP WHISPERING 5 THINKING ABOUT YOU 6 ANYONE CAN PLAY GUITAR 7 RIPCORD 8 VEGETABLE 9 PROVE YOURSELF 10 I CAN'T 11 LURGEE 12 BLOW OUT

THE BENDS: 1 PLANET TELEX 2 THE BENDS 3 HIGH AND DRY 4 FAKE PLASTIC TREES 5 BONES 6 (NICE DREAM) 7 JUST 8 MY IRON LUNG 9 BULLET PROOF... I WISH I WAS 10 BLACK STAR 11 SULK 12 STREET SPIRIT (FADE OUT)

OK COMPUTER: 1 AIRBAG 2 PARANOID ANDROID 3 SUBTERRANEAN HOMESICK ALIEN 4 EXIT MUSIC (FOR A FILM) 5 LET DOWN 6 KARMA POLICE 7 FITTER HAPPIER 8 ELECTIONEERING 9 CLIMBING UP THE WALLS 10 NO SURPRISES 11 LUCKY 12 THE TOURIST

KID A: 1 EVERYTHING IN ITS RIGHT PLACE 2 KID A 3 THE NATIONAL ANTHEM 4 HOW TO DISAPPEAR COMPLETELY 5 TREEFINGERS 6 OPTIMISTIC 7 IN LIMBO 8 IDIOTEQUE 9 MORNING BELL 10 MOTION PICTURE SOUNDTRACK

AMNESIAC: 1 PACKT LIKE SARDINES IN A CRUSHD TIN BOX 2 PYRAMID SONG 3 PULK/PULL REVOLVING DOORS 4 YOU AND WHOSE ARMY? 5 I MIGHT BE WRONG 6 KNIVES OUT 7 MORNING BELL/AMNESIAC 8 DOLLARS & CENTS 9 HUNTING BEARS 10 LIKE SPINNING PLATES 11 LIFE IN A GLASSHOUSE

HAIL TO THE THIEF: 1 2+2 = 5 2 SIT DOWN STAND UP 3 SAIL TO THE MOON 4 BACKDRIFTS 5 GO TO SLEEP 6 WHERE I END YOU BEGIN 7 WE SUCK YOUNG BLOOD 8 THE GLOAMING 9 THERE THERE 10 I WILL 11 A PUNCH UP AT A WEDDING 12 MYXOMATOSIS 13 SCATTERBRAIN 14 A WOLF AT THE DOOR

IN RAINBOWS: 1 15 STEP 2 BODYSNATCHERS 3 NUDE 4 WEIRD FISHES/ARPEGGI 5 ALL I NEED 6 FAUST ARP 7 RECKONER 8 HOUSE OF CARDS 9 JIGSAW FALLING INTO PLACE 10 VIDEOTAPE **DISCO BÔNUS** 11 MK1 12 DOWN IS THE NEW UP 13 GO SLOWLY 14 MK2 15 LAST FLOWERS 16 UP ON THE LADDER 17 BANGERS & MASH 18 4 MINUTE WARNING

THE KING OF LIMBS: 1 BLOOM 2 MORNING MR MAGPIE 3 LITTLE BY LITTLE 4 FERAL 5 LOTUS FLOWER 6 CODEX 7 GIVE UP THE GHOST 8 SEPARATOR

cargocollective.com/jamiegurnell/Radiohead-A-Genre

VENDAS DE MÚSICA POR GÊNERO

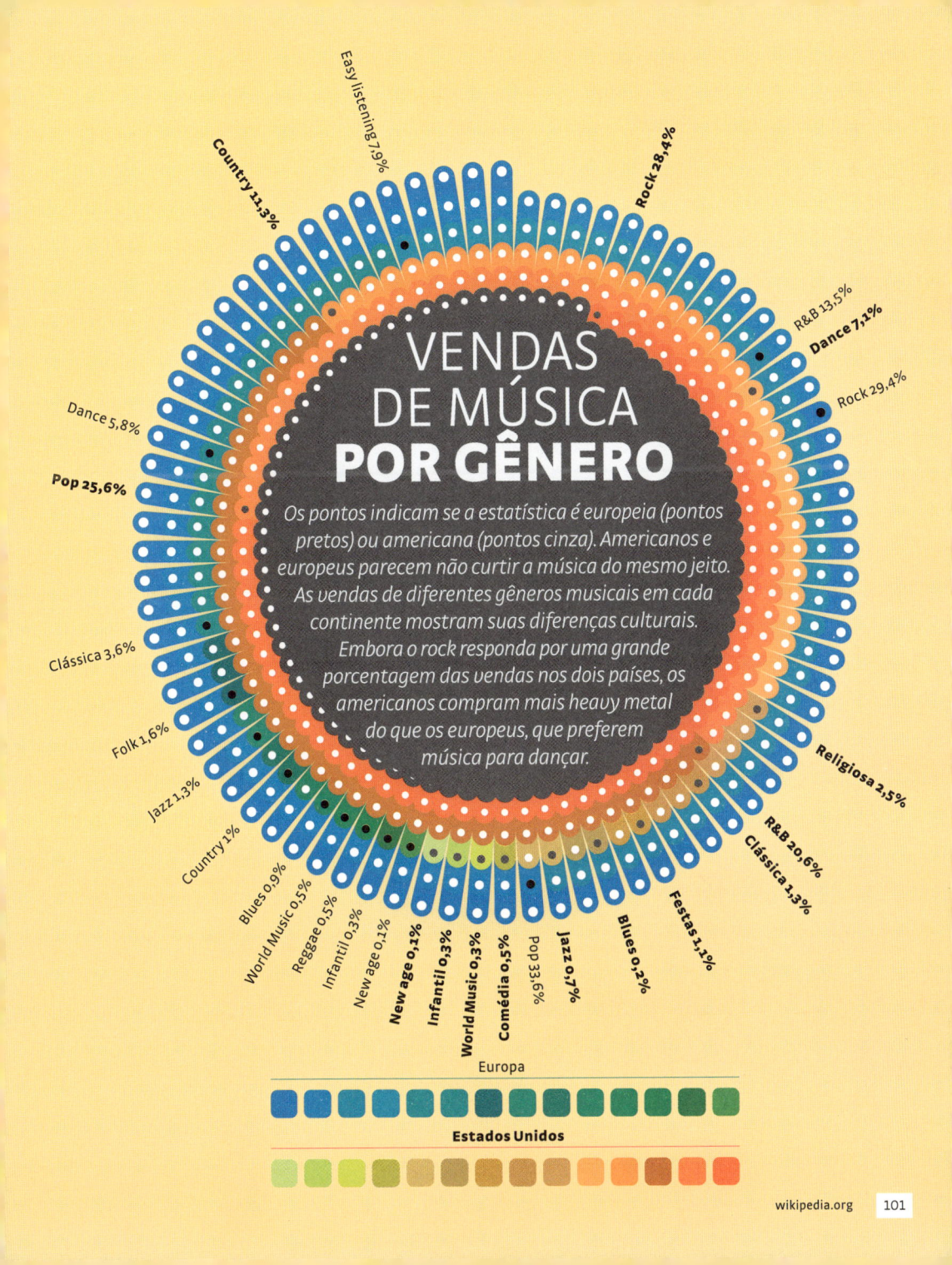

Os pontos indicam se a estatística é europeia (pontos pretos) ou americana (pontos cinza). Americanos e europeus parecem não curtir a música do mesmo jeito. As vendas de diferentes gêneros musicais em cada continente mostram suas diferenças culturais. Embora o rock responda por uma grande porcentagem das vendas nos dois países, os americanos compram mais heavy metal do que os europeus, que preferem música para dançar.

Europa:
- Easy listening 7,9%
- Country 11,3%
- Dance 5,8%
- Pop 25,6%
- Clássica 3,6%
- Folk 1,6%
- Jazz 1,3%
- Country 1%
- Blues 0,9%
- World Music 0,5%
- Reggae 0,5%
- Infantil 0,3%
- New age 0,1%
- Rock 28,4%
- R&B 13,5%
- Dance 7,1%

Estados Unidos:
- New age 0,1%
- Infantil 0,3%
- World Music 0,3%
- Comédia 0,5%
- Pop 33,6%
- Jazz 0,7%
- Blues 0,2%
- Festas 1,1%
- Clássica 1,3%
- R&B 20,6%
- Religiosa 2,5%
- Rock 29,4%

wikipedia.org

O SOM MUTANTE DO JAZZ

O primeiro álbum de **Miles Davis** (1926-1991) com composições próprias foi *Kind Of Blue*, de 1959 [o álbum de jazz mais vendido de todos os tempos, com mais de 10 milhões de cópias].

Miles Davis tocou mais músicas compostas por George e Ira Gershwin (15) e Richard Rodgers (6) do que de qualquer outro compositor.

O primeiro álbum de **Thelonious Monk** (1917-1982) com composições próprias foi *5 By Monk 5* (1959). Ele tocou com Miles Davis em dois álbuns (1954) e com John Coltrane fez duas gravações ao vivo (1957).

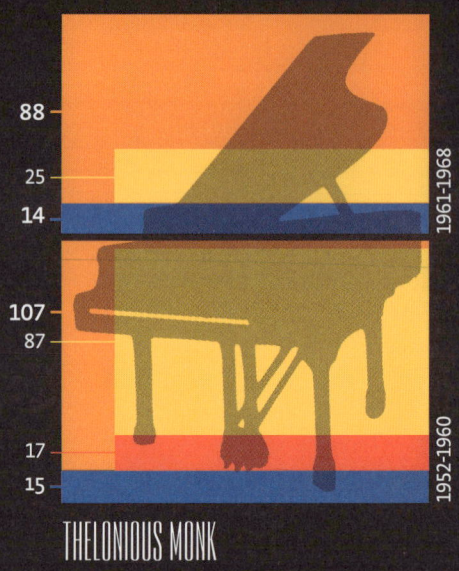

MILES DAVIS

- 63
- 31
- 7 — 1980-1992
- 37
- 31
- 7 — 1970-1979
- 68
- 22
- 11
- 11 — 1961-1969
- 129
- 33
- 33
- 20 — 1951-1960

THELONIOUS MONK

- 88
- 25
- 14 — 1961-1968
- 107
- 87
- 17
- 15 — 1952-1960

www.jazzstandards.com, www.allmusic.com, www.wikipedia.org

Thelonius Monk, Miles Davis, John Coltrane e Ornette Coleman são os quatro músicos de jazz mais conhecidos por desenvolverem a linguagem do jazz moderno. Listando as músicas que cada um deles gravou entre o final da década de 1950 e a década de 1990, vemos que a música foi abandonando interpretações de canções de musicais, os standards, e optando por criações dos próprios jazzistas.

- LPs
- número total de músicas das quais
- # composições originais
- # standards*

O primeiro álbum de **Ornette Coleman** (1930-2015) com composições próprias foi o seu de estreia, *Something Else!!!!* (1958).

O único standard que Coleman gravou foi *Embraceable You*, de George e Ira Gershwin (gravado por Coleman em 1961).

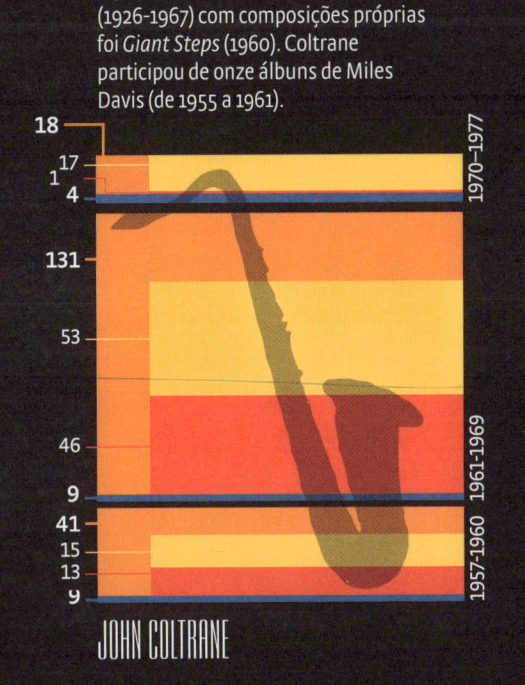

O primeiro álbum de **John Coltrane** (1926-1967) com composições próprias foi *Giant Steps* (1960). Coltrane participou de onze álbuns de Miles Davis (de 1955 a 1961).

JOHN COLTRANE

- 1970-1977: 18, 17, 1, 4
- 1961-1969: 131, 53, 46, 9
- 1957-1960: 41, 15, 13, 9

ORNETTE COLEMAN

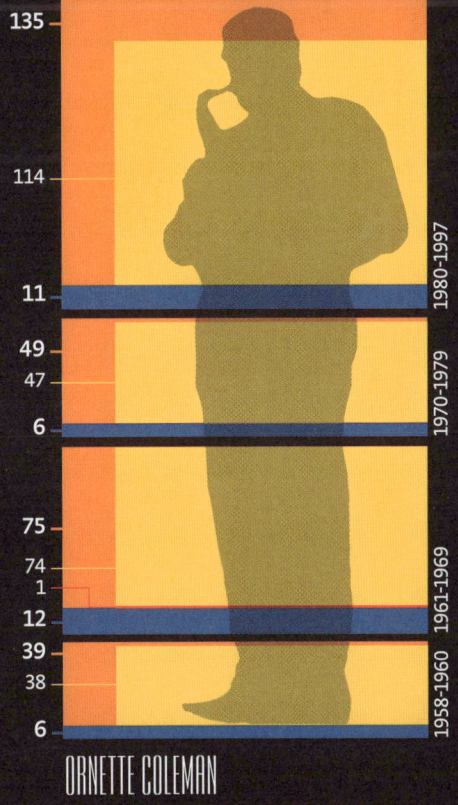

- 1980-1997: 135, 114, 11
- 1970-1979: 49, 47, 6
- 1961-1969: 75, 74, 1, 12
- 1958-1960: 39, 38, 6

* Um *standard* é um tema de jazz amplamente conhecido que se torna parte do repertório de vários jazzistas.

COM QUANTOS GAROTOS SE FAZ UMA BANDA?

Os Beatles criaram o padrão para futuras bandas, e os Monkees foram a primeira tentativa de emular o sucesso deles; os meninos do One Direction são os mais recentes "novos Beatles". Mas quantos compositores, músicos e produtores são necessários para conseguir ser a boy band número 1 do mundo?

Ano	1960	63	63	64	64	65	65	66	66	67	67	67	67	67	68	68	68	69	69	69
Álbuns		Please Please Me	With The Beatles	A Hard Day's Night	Beatles For Sale	Help!	Rubber Soul	Revolver	The Monkees	Sgt Pepper's Lonely Hearts Club Band	Magical Mystery Tour	More Of The Monkees	Headquarters	Pisces, Aquarius, Capricorn & Jones Ltd.	The Beatles	The Birds, The Bees And The Monkees	Head	Abbey Road	Instant Replay	The Monkees Present
Faixas		14	14	13	14	14	14	14	12	13	11	12	14	13	30	12	14	17	12	12
Compositores além da banda		12	11	0	7	3	0	0	7 (Mais Michael Nesmith)	0	0	19 (Mais Michael Nesmith)	13 (Mais os quatro da banda)	17 (Mais três da banda)	0	13 (Mais dois da banda)	6 (Mais dois da banda)	0	8 (Mais dois da banda)	7 (Mais três da banda)
Produtores		1	1	1	1	1	1	1	3	1	1	6	1	1	1	1	1	1	4	3
Músicos além da banda		2	1	2	1	6	2	22	27	68	71	40	6	24	45	52	46	2	48	27

wikipedia.org

BEATLES MONKEES BACKSTREET BOYS ONE DIRECTION

1970	70	70	1980	87	1990	96	96	97	97	99	2000	00	05	07	09	11	12	13	13	Totais			
Let It Be	Changes		Pool It!		Justus		Backstreet Boys	Backstreet's Back	Backstreet Boys (US)	Millennium		Black & Blue	Never Gone	Unbreakable	This is Us	Up All Night	Take Me Home	Midnight Memories	In A World Like This	12 LPs	11 LPs	9 LPs	3 LPs
		Mais um da banda		Mais dois da banda																			
16	12	12	12		12		16	13	11	16		14	15	18	15	13	13	14	16	184	137	134	40
0	8	14			0		27	15	17	18		16	28	26	34	27	29	-	23	33	112	134	66
																						Diversos	
1	4	1	1		0		6	4	7	9		7	14	11	16	16	14	-	7	1	9	58	36
52	22	9			0		2	-	-	24		-	-	-	-	1	-	-	-	274	301	26	1

105

GRAUS DE SEPARAÇÃO: RIHANNA

Ela é a maior estrela do R&B que já surgiu em Barbados e conquistou os mercados mundiais com a música Umbrella. *Talvez isso não surpreenda, pois apenas seis graus a separam da princesa Diana, de Leonard Cohen, Indiana Jones, Alfred Hitchcock e Herman Melville.*

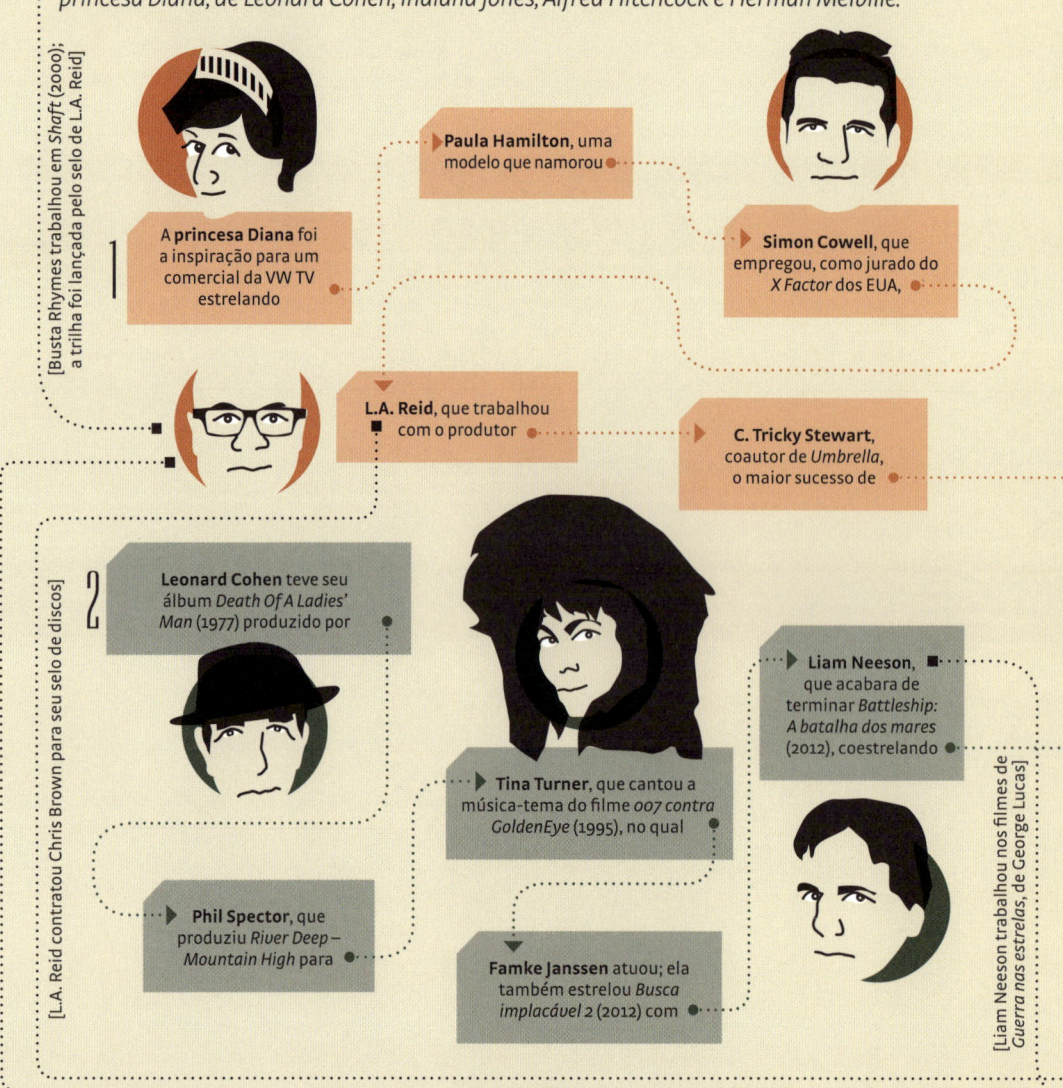

[Busta Rhymes trabalhou em *Shaft* (2000); a trilha foi lançada pelo selo de L.A. Reid]

1

A princesa Diana foi a inspiração para um comercial da VW TV estrelando

Paula Hamilton, uma modelo que namorou

Simon Cowell, que empregou, como jurado do *X Factor* dos EUA,

L.A. Reid, que trabalhou com o produtor

C. Tricky Stewart, coautor de *Umbrella*, o maior sucesso de

[L.A. Reid contratou Chris Brown para seu selo de discos]

2

Leonard Cohen teve seu álbum *Death Of A Ladies' Man* (1977) produzido por

Phil Spector, que produziu *River Deep – Mountain High* para

Tina Turner, que cantou a música-tema do filme *007 contra GoldenEye* (1995), no qual

Famke Janssen atuou; ela também estrelou *Busca implacável 2* (2012) com

Liam Neeson, que acabara de terminar *Battleship: A batalha dos mares* (2012), coestrelando

[Liam Neeson trabalhou nos filmes de *Guerra nas estrelas*, de George Lucas]

[Jay-Z virou diretor da Def Jam Recordings graças a L.A. Reid]

4 **Alfred Hitchcock** dirigiu *Psicose* em 1960, estrelando

Janet Leigh, que é a mãe de

Jamie Lee Curtis, que trabalhou em *Halloween – Ressurreição* (2002) com

Busta Rhymes, que cantou como convidado a música *Look At Me Now* de

Chris Brown, que foi namorado de

Rihanna

5 **Herman Melville** é o autor de *Moby Dick*, que virou filme estrelado por

Gregory Peck e dirigido por

John Huston, que em 1982 dirigiu também *Annie*, estrelando

Aileen Quinn, que cantou *Hard Knock Life*, que foi sampleada por

Jay-Z para *Hard Knock Life* (Ghetto Anthem); ele ofereceu um contrato de gravação para

[Evan Rogers apresentou Rihanna a Jay-Z]

Evan Rogers, que recebe o crédito de ter descoberto

3 **Indiana Jones** foi criado por

George Lucas, diretor que deu uma vaga de estagiário em *Os caçadores da arca perdida* (1981) a

Michael Bay, o diretor do vídeo de *Soldier Of Love* de

Donny Osmond; a música foi coproduzida por

wikipedia.org

- 80 — Tom de discagem de telefone
- 90 — Apito de trem
- 100 — Motocicleta
- 116 — A Grand, Grand Overture, de Malcolm Arnold's
  4 aspiradores de pó, 4 rifles, 1 enceradeira e 1 orquestra
- 117 — Deep Purple, Rainbow Theatre, Londres, 1972
  guitarra/baixo/bateria/teclado/voz
- 120 — O Anel do Nibelungo, de Wagner, em Bayreuth
  companhia de ópera e orquestra
- 122 — The Band Of The Black Watch
  5 gaitas de foles
- 126 — Abertura 1812, de Tchaikovsky
  17 canhões e orquestra
- The Who, Estádio de Charlton Valley, 1976
  guitarra/baixo/bateria/voz

ALTURA **SEM LIMITE**

Não são só as bandas de rock que deixam os ouvidos da plateia zunindo. O mundo clássico também tem alguns exemplos de performances ensurdecedoras e já utilizou vários instrumentos muito incomuns.

130 Motörhead no Cleveland Variety Theatre, 1986
guitarra/baixo/bateria/voz

136 Kiss em Ottawa, Canadá, 2009
guitarra/baixo/bateria/voz

137 Leftfield em Brixton, Londres, 1996
sintetizadores

139 Passagem de som do Manowar, Bad Arolsen, Alemanha, 2008
guitarra/baixo/bateria/voz

165 Tiro de espingarda calibre 12

ATIVAÇÃO DE UM SISMÓGRAFO
Foo Fighters na Nova Zelândia, 2011
guitarra/baixo/bateria/voz

180 Morte do tecido auditivo

COMPARAÇÃO DE DECIBÉIS

sfu.ca, chem.purdue.edu, condor.admin.ccny.cuny.edu, wikipedia.org

DO CLÁSSICO AO **POP**

O pop do fim do século XX extraiu mais do que inspiração da música clássica. Nestes exemplos, trechos inteiros da obra de compositores eruditos ganharam batida de disco music, rock e pop.

ANO	TÍTULO ORIGINAL / COMPOSITOR
c.1694	Cânone em ré maior / **Pachelbel**
c.1717	Ária da Suíte nº 3 / **Bach**
c.1717	Prelúdio em fá maior (BWV 881) / **Bach**
1723	Jesus alegria dos homens / **Bach**
1725	Pequeno Livro de Anna Magdalena Bach / **Bach**
c.1780	Op. 36, 6 sonatinas para piano / **Clementi**
1784	Plaisir d'Amour / **Martini**
1801	Sonata ao luar / **Beethoven**
1808	Quinta sinfonia / **Beethoven**
1810	Für Elise / **Beethoven**
c.1826	Frühlingslied / **Mendelssohn**
1839	Prelúdio em dó menor / **Chopin**
1867	Uma Noite no Monte Calvo / **Mussorgsky**
1874	Quadros de uma Exposição / **Mussorgsky**
1892	Marcha dos Soldados de Brinquedo / **Tchaikovsky**
1896	Assim Falou Zaratustra / **Strauss**
1898	O Sole Mio / **di Capua**
1901	Concerto para piano nº 2 em dó menor / **Rachmaninoff**
1927	Romance, Lieutenant Kijé / **Prokofiev**
1936	Adágio para cordas / **Barber**

ARTISTA / TÍTULO	ANO
Elvis Presley / It's Now Or Never	1960
Elvis Presley / Can't Help Falling In Love	1961
B. Bumble & The Stingers / Nut Rocker	1962
The Mindbenders / A Groovy Kind Of Love	1965
The Toys / A Lover's Concerto	1965
Procol Harum / A Whiter Shade Of Pale	1967
The Beatles / Because	1969
David Ruffin / My Whole World Ended	1969
Emerson, Lake & Palmer / Pictures At An Exhibition	1971
Eumir Deodato / Also Sprach Zarathustra	1973
Barry Manilow / Could It Be Magic	1975
Eric Carmen / All By Myself	1975
Walter Murphy / A Fifth Of Beethoven	1976
David Shire / Night On Disco Mountain	1977
Village People / Go West	1979
The Beach Boys / Lady Lynda	1979
Sting / Russians	1985
Oasis / Don't Look Back In Anger	1996
Coolio / C U When U Get There	1997
William Orbit / Barber's Adagio For Strings	1999
Nas / I Can	2003
Jem / They	2005

wikipedia.org

SAMPLE THIS

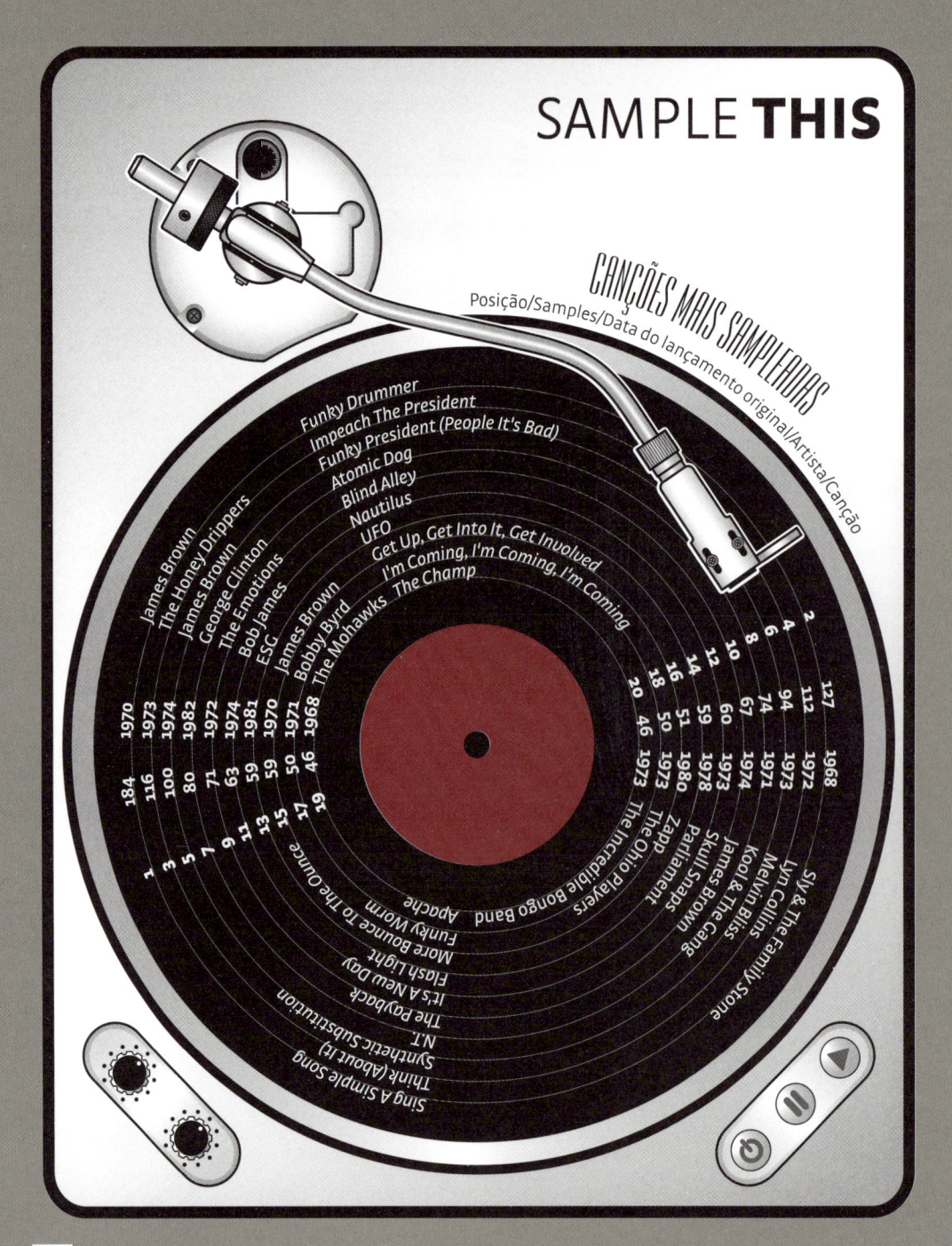

CANÇÕES MAIS SAMPLEADAS
Posição/Samples/Data do lançamento original/Artista/Canção

Posição	Samples	Data	Artista	Canção
1	184	1970	James Brown	Funky Drummer
2	127	1968	The Honey Drippers	Impeach The President
3	116	1973	James Brown	Funky President (People It's Bad)
4	112	1972	George Clinton	Atomic Dog
5	100	1982	The Emotions	Blind Alley
6	94	1973	Bob James	Nautilus
7	80	1974	ESG	UFO
8	74	1971	James Brown	Get Up, Get Into It, Get Involved
9	71	1972	Bobby Byrd	I'm Coming, I'm Coming
10	67	1974	The Mohawks	The Champ
11	63	1974		
12	60	1973		
13	59	1981		
14	59	1978	Zapp	
15	50	1970	Parliament	
17	50	1980	Skull Snaps	
18	51	1973	Kool & The Gang	
19	46	1968	James Brown	
20	46	1973	Melvin Bliss	
			Lyn Collins	
			The Ohio Players	
			The Incredible Bongo Band	Apache
				Funky Worm
				More Bounce to The Ounce
				Flash Light
				It's A New Day
				The Payback
				N.T.
				Synthetic Substitution
				Think (About It)
				Sing A Simple Song

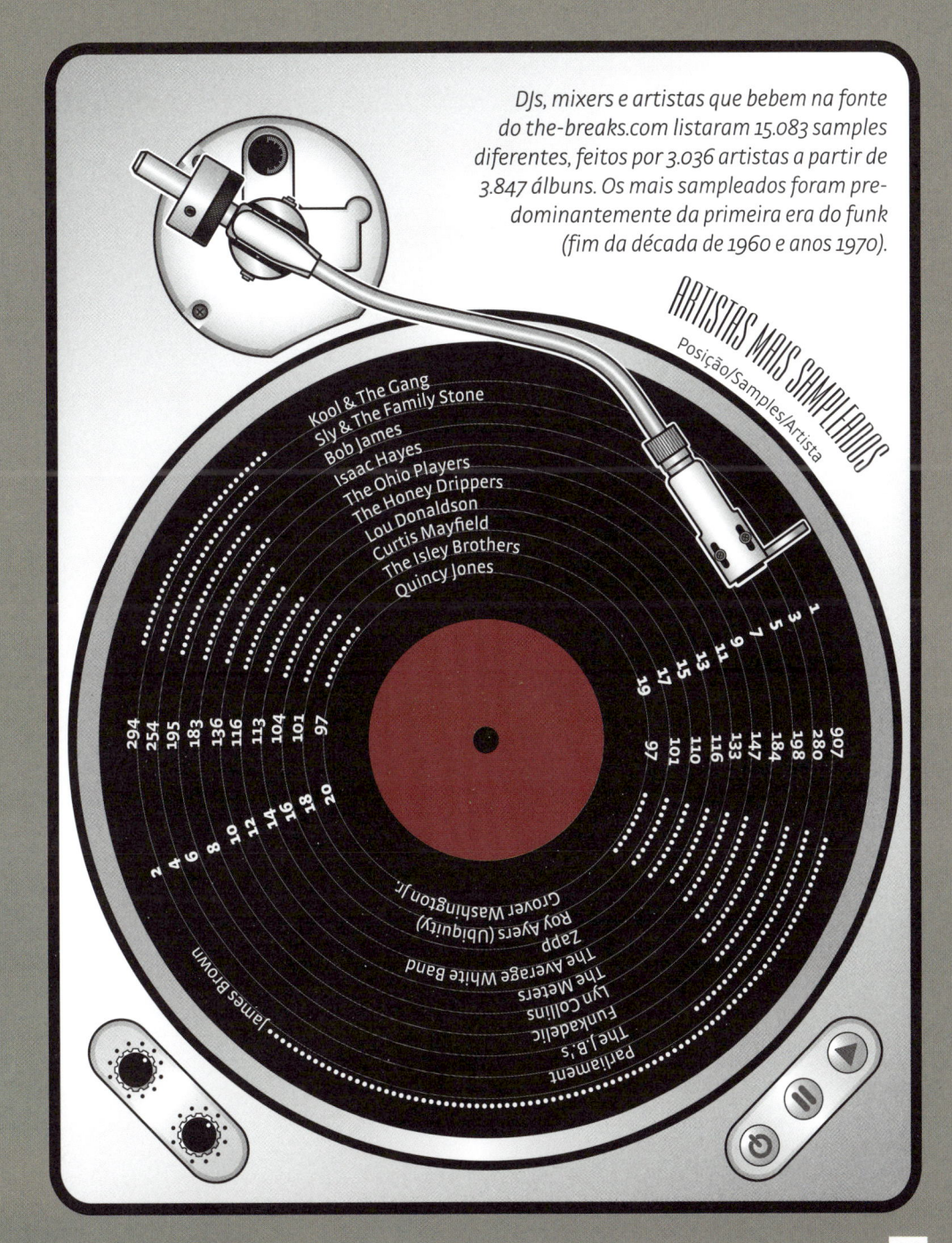

DJs, mixers e artistas que bebem na fonte do the-breaks.com listaram 15.083 samples diferentes, feitos por 3.036 artistas a partir de 3.847 álbuns. Os mais sampleados foram predominantemente da primeira era do funk (fim da década de 1960 e anos 1970).

ARTISTAS MAIS SAMPLEADOS
Posição/Samples/Artista

Posição	Samples	Artista
1	907	James Brown
2	294	Parliament
3	280	The J.B.'s
4	254	Funkadelic
5	198	Lyn Collins
6	195	The Meters
7	184	The Average White Band
8	183	Zapp
9	147	Roy Ayers (Ubiquity)
10	136	Grover Washington Jr.
11	133	Kool & The Gang
12	116	Sly & The Family Stone
13	116	Bob James
14	113	Isaac Hayes
15	110	The Ohio Players
16	104	The Honey Drippers
17	101	Lou Donaldson
18	101	Curtis Mayfield
19	97	The Isley Brothers
20	97	Quincy Jones

1960-1964
FOLK COOL

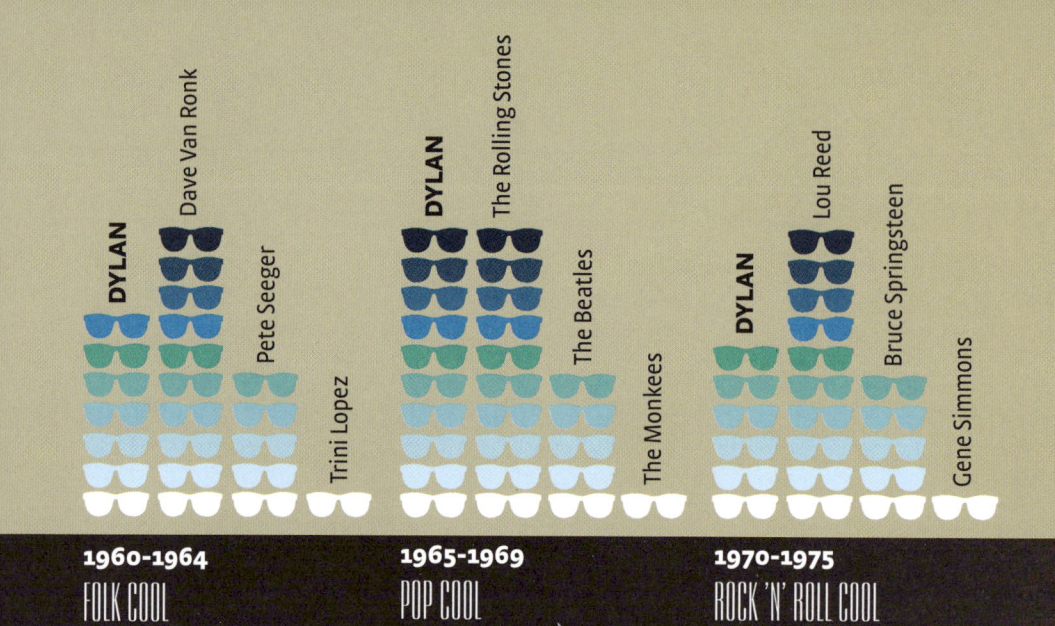

- DYLAN
- Dave Van Ronk
- Pete Seeger
- Trini Lopez

1965-1969
POP COOL

- DYLAN
- The Rolling Stones
- The Beatles
- The Monkees

1970-1975
ROCK 'N' ROLL COOL

- DYLAN
- Lou Reed
- Bruce Springsteen
- Gene Simmons

DYLAN É COOL?

Bob Dylan é talvez o ícone do rock há mais tempo na estrada – é anterior até aos Stones. Em sua longa e variada carreira, ele com frequência foi considerado um cara cool, mas nem sempre. Um painel de eminentes críticos de rock votou no coeficiente de "descolado" do artista em períodos distintos de sua carreira.

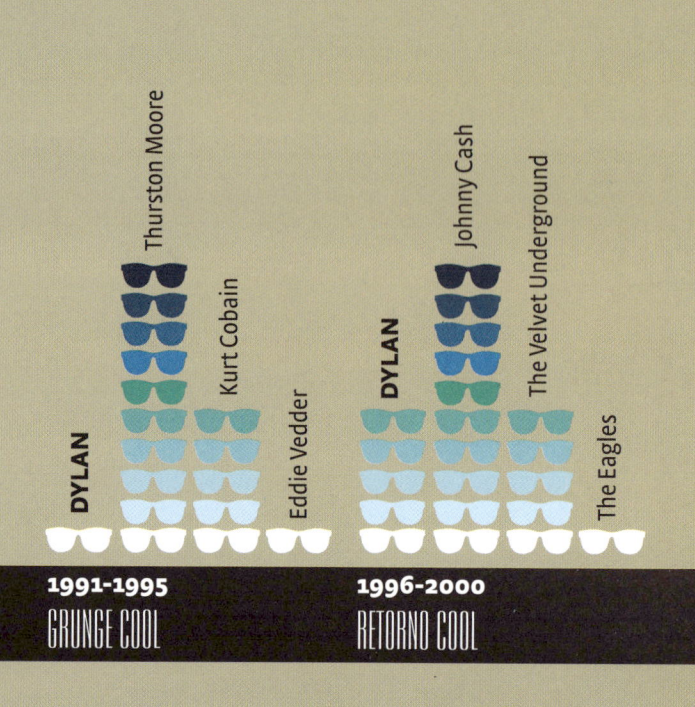

1991-1995
GRUNGE COOL

- DYLAN
- Thurston Moore
- Kurt Cobain
- Eddie Vedder

1996-2000
RETORNO COOL

- DYLAN
- Johnny Cash
- The Velvet Underground
- The Eagles

1976-1980
NEW WAVE COOL

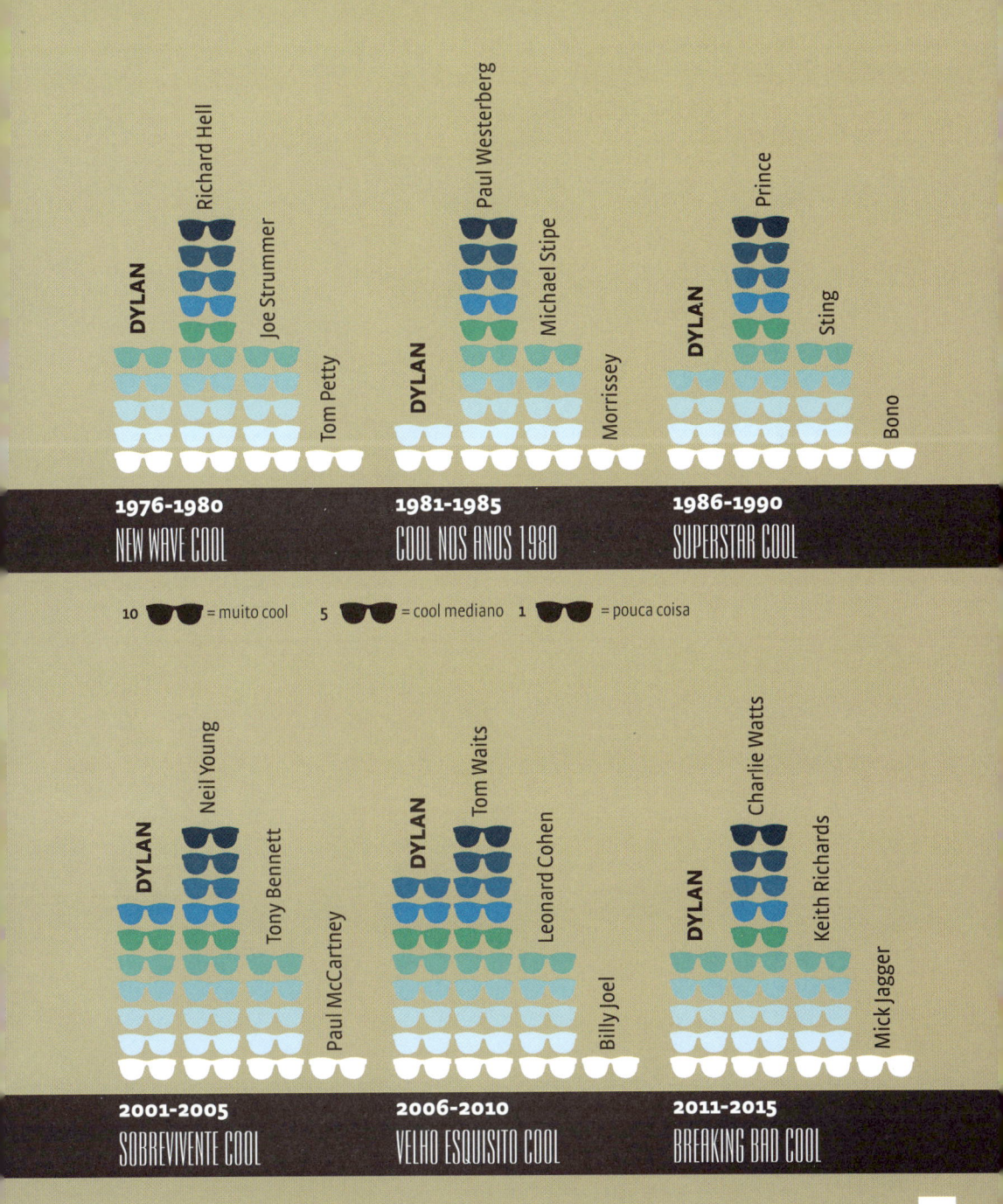

DYLAN · Richard Hell · Joe Strummer · Tom Petty

1981-1985
COOL NOS ANOS 1980

DYLAN · Paul Westerberg · Michael Stipe · Morrissey

1986-1990
SUPERSTAR COOL

DYLAN · Prince · Sting · Bono

10 = muito cool 5 = cool mediano 1 = pouca coisa

2001-2005
SOBREVIVENTE COOL

DYLAN · Neil Young · Tony Bennett · Paul McCartney

2006-2010
VELHO ESQUISITO COOL

DYLAN · Tom Waits · Leonard Cohen · Billy Joel

2011-2015
BREAKING BAD COOL

DYLAN · Charlie Watts · Keith Richards · Mick Jagger

115

CELEBRANDO OS CENTENÁRIOS
DOS CLÁSSICOS

A melhor maneira de divulgar a música clássica é promover um evento comemorativo a algum centenário, de preferência que dure o ano inteiro. Os seguintes compositores clássicos e suas cidades natais celebram seus cem anos de nascimento, morte ou ambos no século XXI.

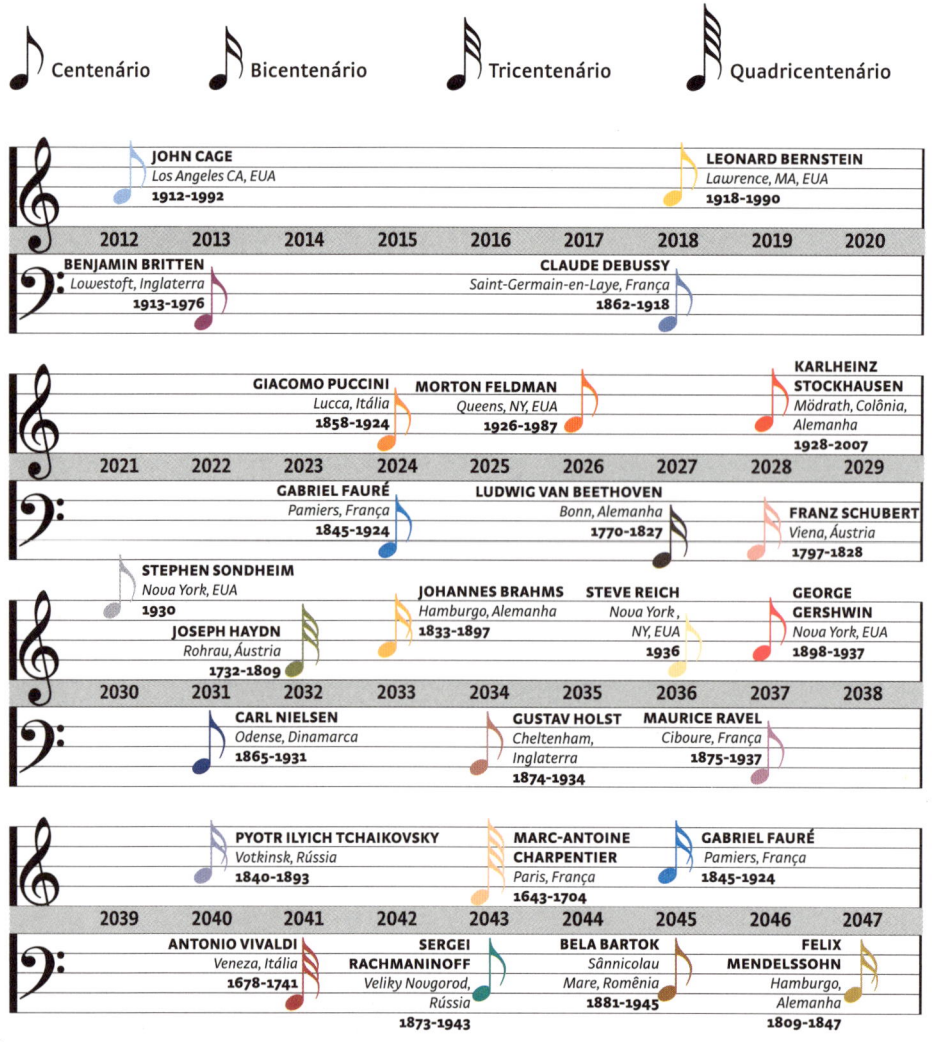

♩ Centenário   ♫ Bicentenário   ♬ Tricentenário   ♬ Quadricentenário

JOHN CAGE — Los Angeles CA, EUA — 1912-1992
LEONARD BERNSTEIN — Lawrence, MA, EUA — 1918-1990

2012 | 2013 | 2014 | 2015 | 2016 | 2017 | 2018 | 2019 | 2020

BENJAMIN BRITTEN — Lowestoft, Inglaterra — 1913-1976
CLAUDE DEBUSSY — Saint-Germain-en-Laye, França — 1862-1918

GIACOMO PUCCINI — Lucca, Itália — 1858-1924
MORTON FELDMAN — Queens, NY, EUA — 1926-1987
KARLHEINZ STOCKHAUSEN — Mödrath, Colônia, Alemanha — 1928-2007

2021 | 2022 | 2023 | 2024 | 2025 | 2026 | 2027 | 2028 | 2029

GABRIEL FAURÉ — Pamiers, França — 1845-1924
LUDWIG VAN BEETHOVEN — Bonn, Alemanha — 1770-1827
FRANZ SCHUBERT — Viena, Áustria — 1797-1828

STEPHEN SONDHEIM — Nova York, EUA — 1930
JOHANNES BRAHMS — Hamburgo, Alemanha — 1833-1897
STEVE REICH — Nova York, NY, EUA — 1936
GEORGE GERSHWIN — Nova York, EUA — 1898-1937
JOSEPH HAYDN — Rohrau, Áustria — 1732-1809

2030 | 2031 | 2032 | 2033 | 2034 | 2035 | 2036 | 2037 | 2038

CARL NIELSEN — Odense, Dinamarca — 1865-1931
GUSTAV HOLST — Cheltenham, Inglaterra — 1874-1934
MAURICE RAVEL — Ciboure, França — 1875-1937

PYOTR ILYICH TCHAIKOVSKY — Votkinsk, Rússia — 1840-1893
MARC-ANTOINE CHARPENTIER — Paris, França — 1643-1704
GABRIEL FAURÉ — Pamiers, França — 1845-1924

2039 | 2040 | 2041 | 2042 | 2043 | 2044 | 2045 | 2046 | 2047

ANTONIO VIVALDI — Veneza, Itália — 1678-1741
SERGEI RACHMANINOFF — Veliky Novgorod, Rússia — 1873-1943
BELA BARTOK — Sânnicolau Mare, Romênia — 1881-1945
FELIX MENDELSSOHN — Hamburgo, Alemanha — 1809-1847

2048–2056

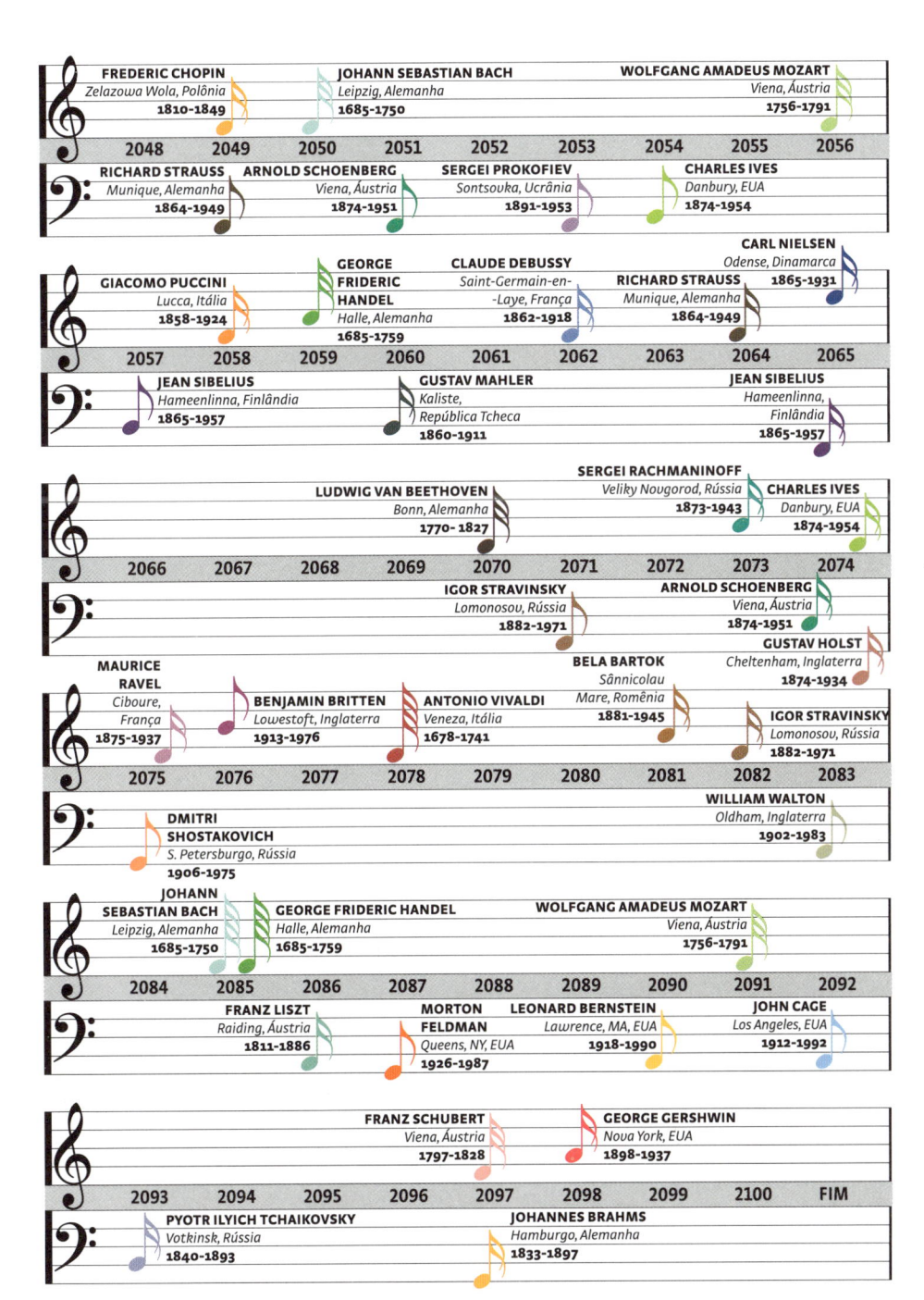

- **FREDERIC CHOPIN** — Zelazowa Wola, Polônia — 1810-1849
- **JOHANN SEBASTIAN BACH** — Leipzig, Alemanha — 1685-1750
- **WOLFGANG AMADEUS MOZART** — Viena, Áustria — 1756-1791
- **RICHARD STRAUSS** — Munique, Alemanha — 1864-1949
- **ARNOLD SCHOENBERG** — Viena, Áustria — 1874-1951
- **SERGEI PROKOFIEV** — Sontsovka, Ucrânia — 1891-1953
- **CHARLES IVES** — Danbury, EUA — 1874-1954

2057–2065

- **GIACOMO PUCCINI** — Lucca, Itália — 1858-1924
- **GEORGE FRIDERIC HANDEL** — Halle, Alemanha — 1685-1759
- **CLAUDE DEBUSSY** — Saint-Germain-en-Laye, França — 1862-1918
- **RICHARD STRAUSS** — Munique, Alemanha — 1864-1949
- **CARL NIELSEN** — Odense, Dinamarca — 1865-1931
- **JEAN SIBELIUS** — Hameenlinna, Finlândia — 1865-1957
- **GUSTAV MAHLER** — Kaliste, República Tcheca — 1860-1911
- **JEAN SIBELIUS** — Hameenlinna, Finlândia — 1865-1957

2066–2074

- **LUDWIG VAN BEETHOVEN** — Bonn, Alemanha — 1770-1827
- **SERGEI RACHMANINOFF** — Veliky Novgorod, Rússia — 1873-1943
- **CHARLES IVES** — Danbury, EUA — 1874-1954
- **IGOR STRAVINSKY** — Lomonosou, Rússia — 1882-1971
- **ARNOLD SCHOENBERG** — Viena, Áustria — 1874-1951

2075–2083

- **MAURICE RAVEL** — Ciboure, França — 1875-1937
- **BENJAMIN BRITTEN** — Lowestoft, Inglaterra — 1913-1976
- **ANTONIO VIVALDI** — Veneza, Itália — 1678-1741
- **BELA BARTOK** — Sânnicolau Mare, Romênia — 1881-1945
- **GUSTAV HOLST** — Cheltenham, Inglaterra — 1874-1934
- **IGOR STRAVINSKY** — Lomonosou, Rússia — 1882-1971
- **WILLIAM WALTON** — Oldham, Inglaterra — 1902-1983

2084–2092

- **DMITRI SHOSTAKOVICH** — S. Petersburgo, Rússia — 1906-1975
- **JOHANN SEBASTIAN BACH** — Leipzig, Alemanha — 1685-1750
- **GEORGE FRIDERIC HANDEL** — Halle, Alemanha — 1685-1759
- **WOLFGANG AMADEUS MOZART** — Viena, Áustria — 1756-1791
- **FRANZ LISZT** — Raiding, Áustria — 1811-1886
- **MORTON FELDMAN** — Queens, NY, EUA — 1926-1987
- **LEONARD BERNSTEIN** — Lawrence, MA, EUA — 1918-1990
- **JOHN CAGE** — Los Angeles, EUA — 1912-1992

2093–2100 FIM

- **FRANZ SCHUBERT** — Viena, Áustria — 1797-1828
- **GEORGE GERSHWIN** — Nova York, EUA — 1898-1937
- **PYOTR ILYICH TCHAIKOVSKY** — Votkinsk, Rússia — 1840-1893
- **JOHANNES BRAHMS** — Hamburgo, Alemanha — 1833-1897

wikipedia.org

DAVID BOWIE É

O David Jones nascido no bairro de Brixton, em Londres, ficou famoso como Ziggy Stardust, de Marte, e depois com várias outras personas, numa carreira notavelmente longa e variada.

1976 — Station To Station
Persona de The Thin White Duke

1975 — Young Americans
O homem que caiu na Terra (filme)

1974 — Diamond Dogs

1973 — Aladdin Sane
Aposenta Ziggy

1972 — The Rise And Fall Of Ziggy Stardust And The Spiders From Mars

1971 — Hunky Dory
Life on Mars?

1970 — The Man Who Sold The World
Capa censurada; Casa-se com Angie

1969 — David Bowie (Mercury Records)
Space Oddity

1967 — David Bowie (Deram)
Primeiro álbum

1962-67 — Primeiras bandas: The Konrads, Davie Jones and the King Bees, The Manish Boys, Davy Jones and the Lower Third, David Bowie and the Buzz, The Riot Squad

1958 — Cursa a escola técnica de Bromley

1947 — David Jones nasce em Brixton (Londres)

1977 *Low* — Muda-se para Berlim

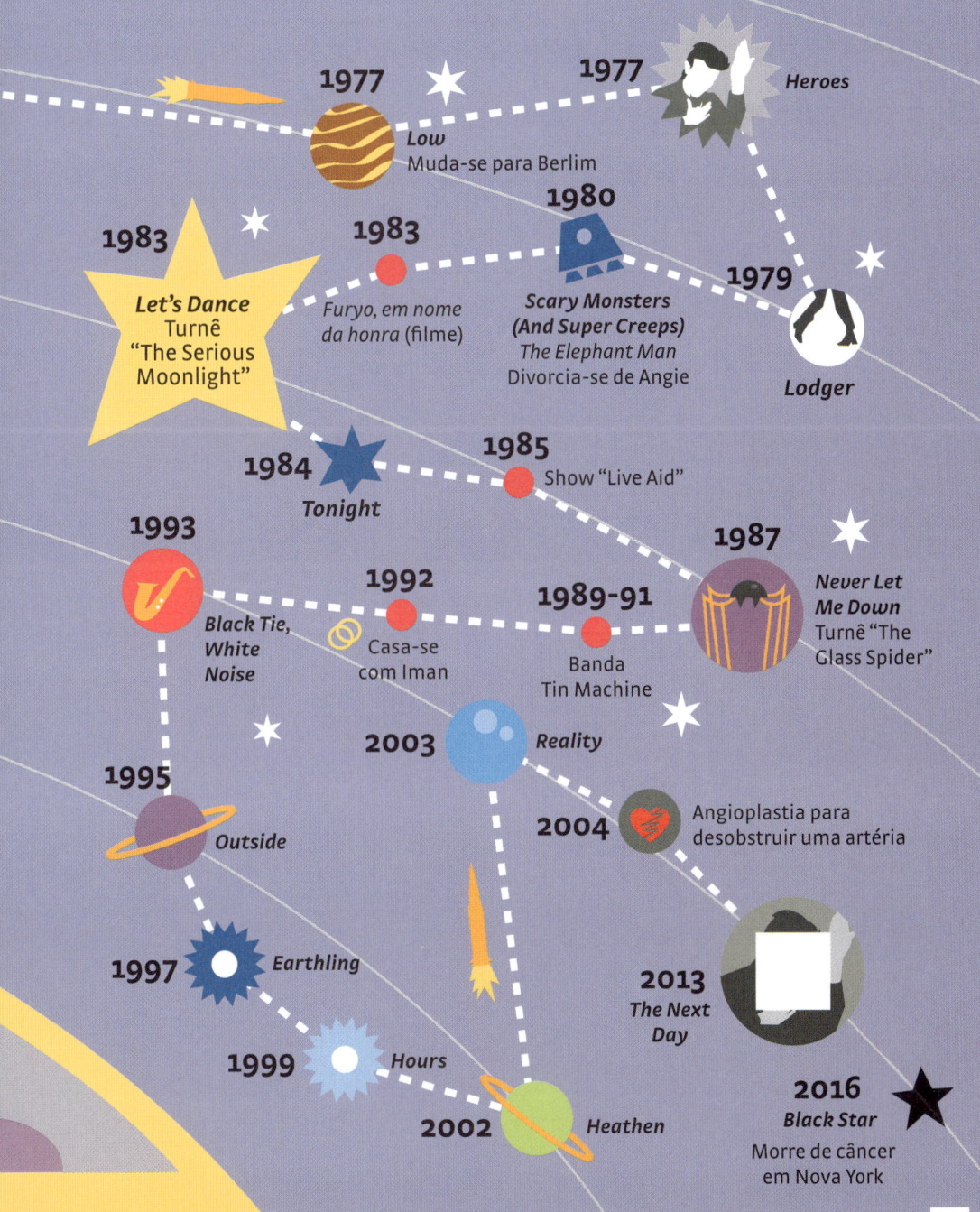

1977 *Heroes*

1980 *Scary Monsters (And Super Creeps)* — The Elephant Man — Divorcia-se de Angie

1979 *Lodger*

1983 *Let's Dance* — Turnê "The Serious Moonlight"

1983 *Furyo, em nome da honra* (filme)

1984 *Tonight*

1985 Show "Live Aid"

1987 *Never Let Me Down* — Turnê "The Glass Spider"

1989-91 Banda Tin Machine

1992 Casa-se com Iman

1993 *Black Tie, White Noise*

1995 *Outside*

1997 *Earthling*

1999 *Hours*

2002 *Heathen*

2003 *Reality*

2004 Angioplastia para desobstruir uma artéria

2013 *The Next Day*

2016 *Black Star* — Morre de câncer em Nova York

119

PREFERÊNCIAS MUSICAIS AO REDOR **DO MUNDO**

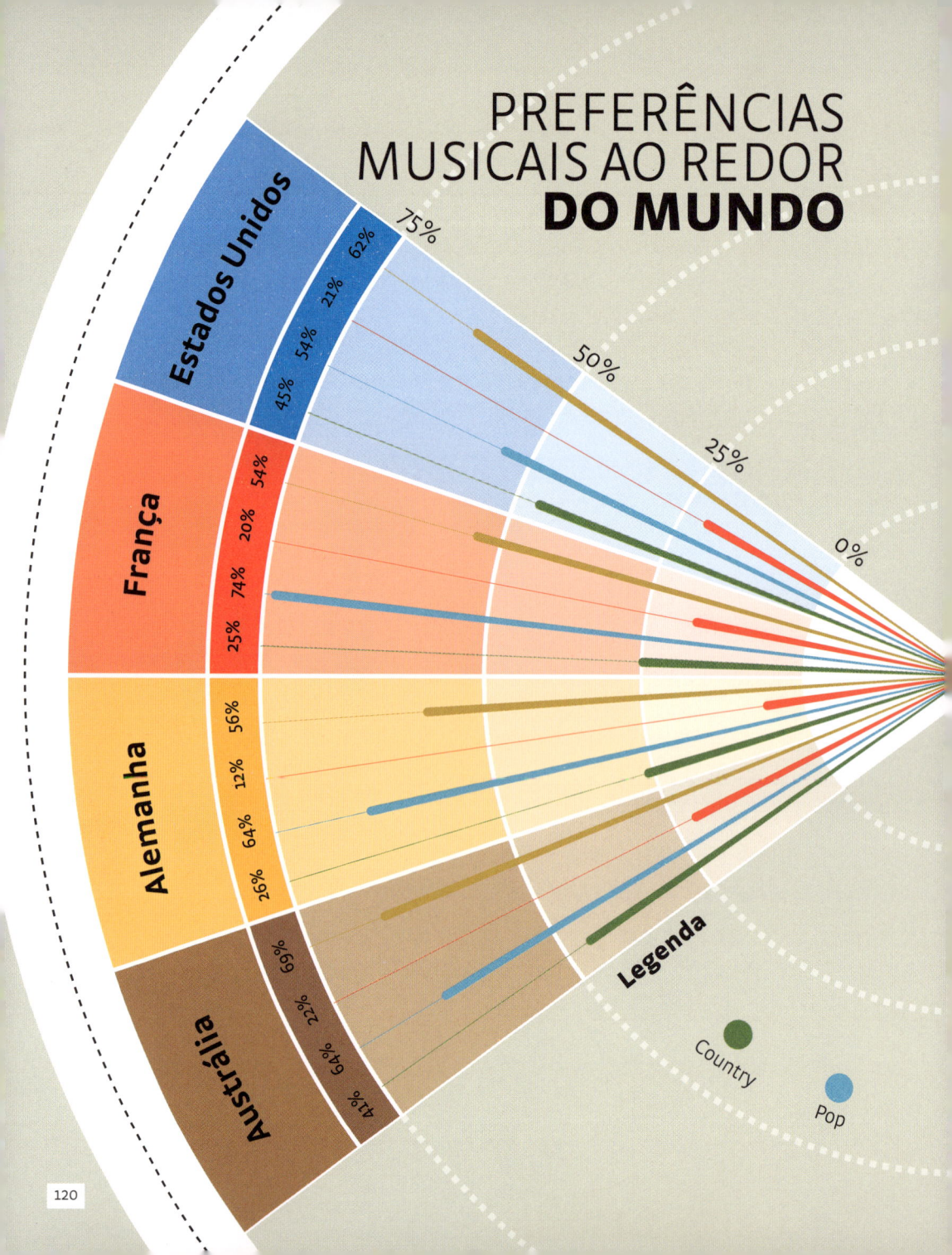

Estados Unidos
- 45%
- 54%
- 21%
- 62%

França
- 54%
- 20%
- 74%
- 25%

Alemanha
- 56%
- 12%
- 64%
- 26%

Austrália
- 69%
- 22%
- 64%
- 41%

Legenda

- Country
- Pop

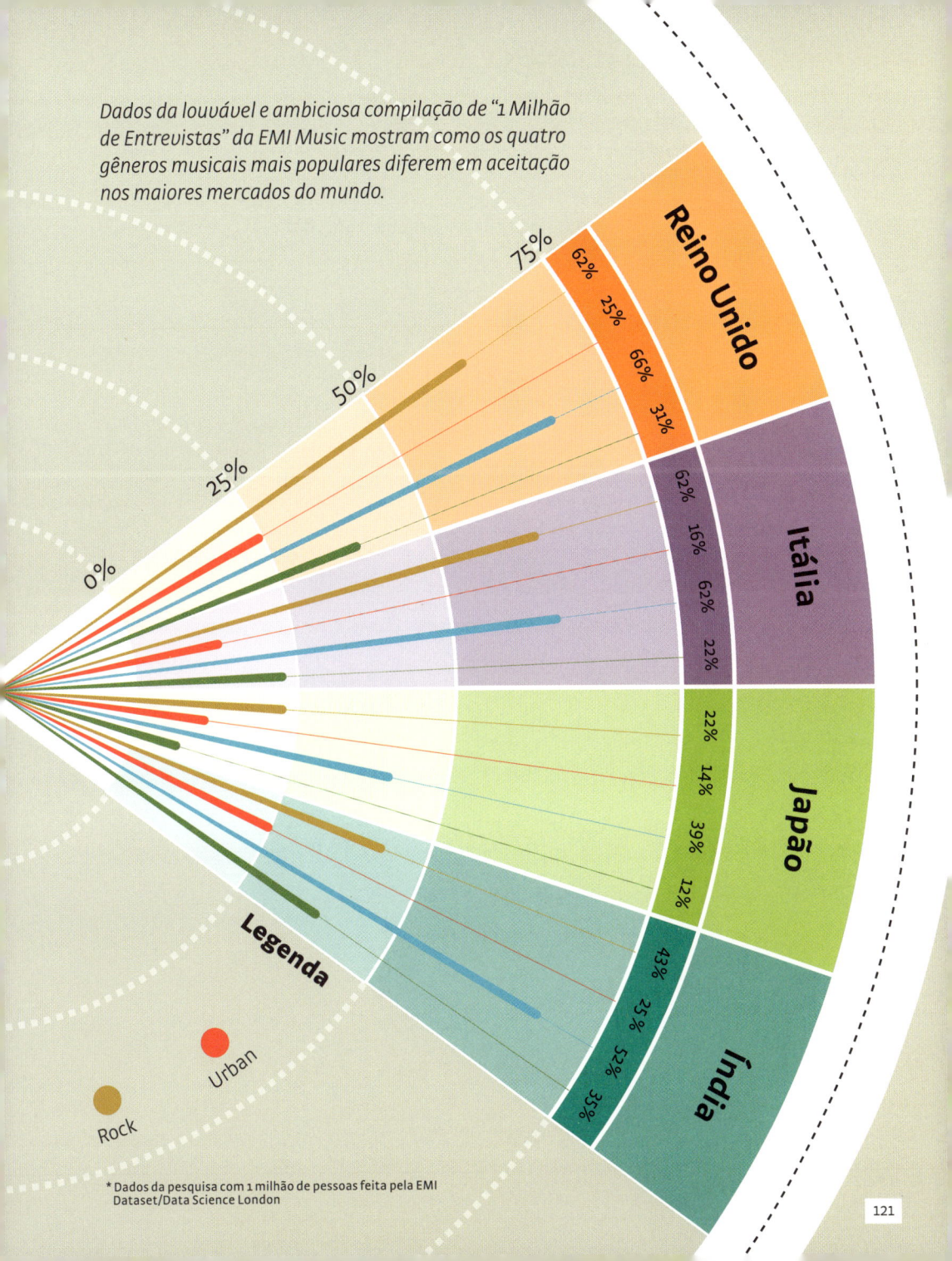

Dados da louvável e ambiciosa compilação de "1 Milhão de Entrevistas" da EMI Music mostram como os quatro gêneros musicais mais populares diferem em aceitação nos maiores mercados do mundo.

Reino Unido
- 62%
- 25%
- 66%
- 31%

Itália
- 62%
- 16%
- 62%
- 22%

Japão
- 22%
- 14%
- 39%
- 12%

Índia
- 43%
- 25%
- 52%
- 35%

Legenda
- Urban
- Rock

* Dados da pesquisa com 1 milhão de pessoas feita pela EMI Dataset/Data Science London

DOIS É MELHOR

Como produzir um superastro da música? Pergunte ao Elvis, ao Bob ou ao One Direction. Eis os mais bem-sucedidos empresários do ramo e os artistas que eles ajudaram a transformar em grandes sucessos.

ROLLING STONES - $140 MILHÕES — ALLEN KLEIN

Nascido em New Jersey (1931-2009), filho de um açougueiro, ganhou experiência como contador, ajudou Sam Cooke a montar a própria gravadora e depois tornou-se um dos primeiros empresários da música. Assumiu os negócios dos Rolling Stones depois de prometer descobrir os milhões de dólares que eram devidos à banda fazendo uma auditoria em suas contas. Fez o mesmo com os Beatles e supervisionou o rompimento da banda. Cumpriu dois meses de pena na prisão em 1979 por evasão de impostos.

LED ZEPPELIN - $400 MILHÕES — PETER GRANT

Homem grandão, Grant (1935-1995) usava seu porte para intimidar os promotores de sua banda e as gravadoras. Aprendeu a empresariar artistas com Don Arden (pai de Sharon Osbourne), que sugeria dependurar devedores relutantes das janelas do segundo andar pelos tornozelos, até que decidissem pagar. Fez do Led Zep a maior banda do mundo e exigiu 90% de todo o dinheiro dos shows ao vivo para eles. O coronel Parker pediu-lhe que organizasse uma turnê europeia para Elvis, mas o Rei morreu antes que isso pudesse acontecer.

ELVIS PRESLEY - $4,5 BILHÕES — COR. TOM PARKER

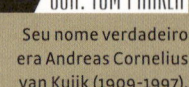

Seu nome verdadeiro era Andreas Cornelius van Kuijk (1909-1997). Imigrante ilegal e anunciador de espetáculos em parques de diversão, foi um dos primeiros empresários do rock'n'roll. Começou a carreira representando os cantores country Gene Austin e Hank Snow antes de detectar o potencial de Elvis.

ONE DIRECTION - $1 BILHÃO — MODEST MGMT

Empresa sediada em Londres (fundada em 2003), dirigida por Richard Griffiths (que estava no ramo há 40 anos) e Harry Magee (no ramo há 30). Depois de imenso sucesso com Leona Lewis, também empresariaram outros dois vencedores do *X Factor* britânico, JLS e Olly Murs.

DAVID BOWIE - $215 MILHÕES — TONY DEFRIES

Empresário musical britânico (c.1945) que aprendeu o ofício em meados da década de 1960, ajudando a transformar Bowie em Ziggy e dando impulso à carreira de, entre outros, Iggy Pop, Lou Reed, Mott The Hoople e The New Seekers. Desde 2008 dirige uma companhia que desenvolve tecnologia de energia solar.

BACKSTREET BOYS - $200 MILHÕES — LOU PEARLMAN

O americano Pearlman (nascido em 1954) cumpre atualmente 25 anos de prisão por operar um dos maiores e mais duradouros esquemas de enriquecimento tipo pirâmide (no valor de US$300 milhões). Antes disso, ajudou os Backstreet Boys e o N'Sync a se tornarem grandes pop stars.

THE BEATLES - $2,2 BILHÕES — BRIAN EPSTEIN

Nascido em Liverpool, Epstein (1934-1967), filho de comerciantes de móveis, ajudava a gerenciar uma loja que vendia instrumentos musicais e máquinas de lavar roupa, até conhecer uma banda de jovens com roupas de couro no Cavern Club – os Beatles. Vestiu-os com roupas mais adequadas e arrumou um contrato da banda com a EMI. Uma vez ofereceu aos Beatles um salário vitalício de £50. Morreu de overdose acidental de barbitúricos.

SPICE GIRLS - $21 MILHÕES — SIMON FULLER

Talvez mais conhecido por ter criado o programa de tevê *Idol*, o inglês Fuller (1960-) contratou Madonna para o selo britânico dela em 1983 e, em 1985, formou a companhia de administração "19". Não descobriu as Spice Girls, mas as levou ao sucesso. Também empresariou Annie Lennox e o casal Beckham.

SEX PISTOLS - $5 MILHÕES — MALCOLM MCLAREN

Filho de comerciante de tapetes, o inglês McLaren (1946-2010) abandonou a escola de artes e passou adiante sua loja de roupas para viver espalhando que havia inventado o punk rock. Não foi ele, mas isso sem dúvida levou os Sex Pistols às manchetes dos tabloides.

BOB DYLAN - $180 MILHÕES — ALBERT GROSSMAN

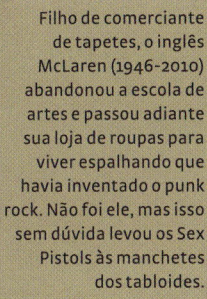

Nascido em Chicago, Grossman (1926-1986) transformou a música folk americana em um fenômeno mundial e lançou as carreiras de Bob Dylan, The Band, Peter, Paul & Mary e Janis Joplin. Morreu de infarto, a bordo de um Concorde.

wikipedia.org

O RETORNO DO VINIL

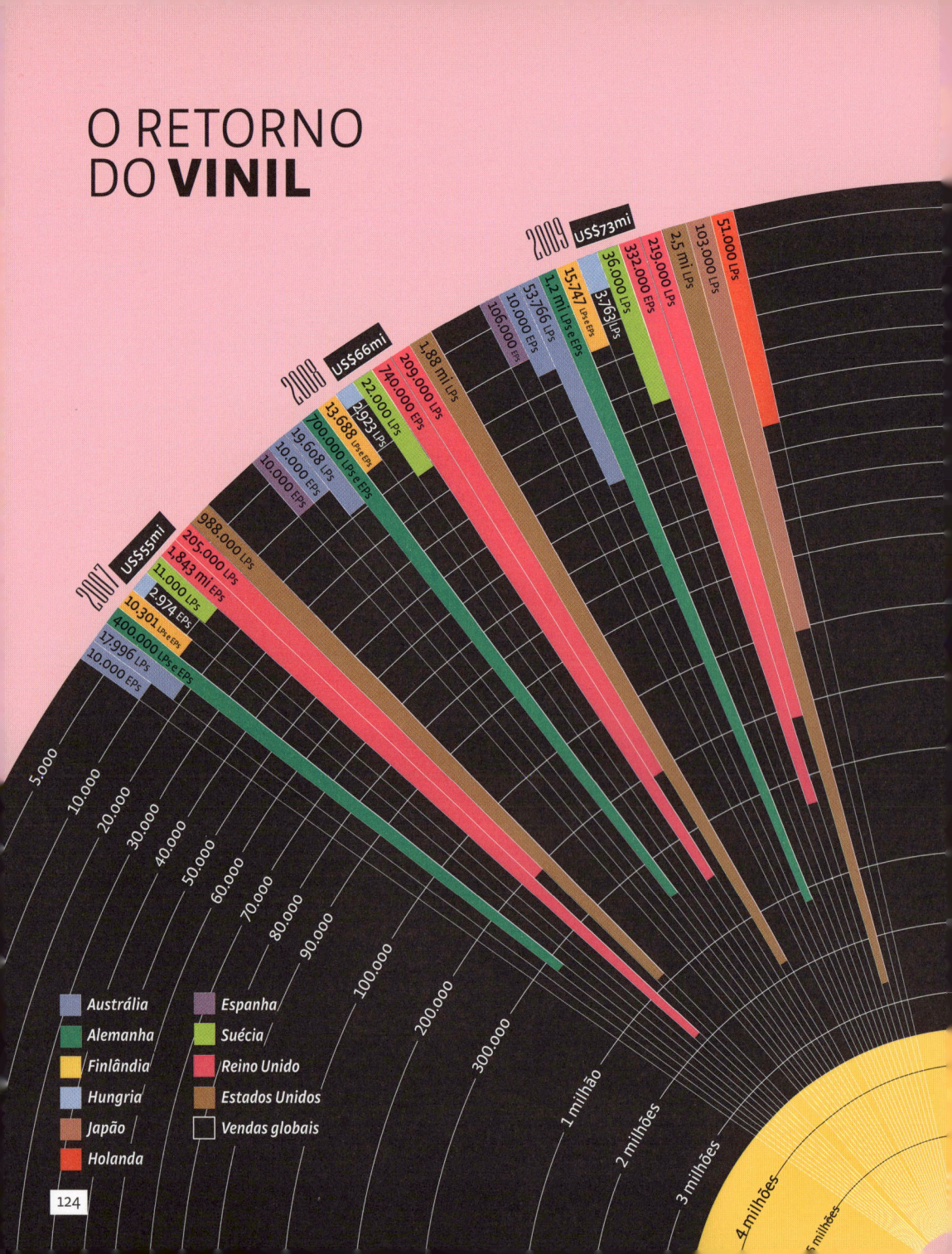

2007 — US$55mi
- 988.000 LPs
- 205.000 EPs
- 1.843 mi EPs
- 11.000 LPs
- 2.974 EPs
- 10.301 LPs e EPs
- 400.000 LPs e EPs
- 17.996 LPs
- 10.000 EPs

2008 — US$66mi
- 19.608 LPs
- 13.688 LPs e EPs
- 700.000 LPs e EPs
- 10.000 EPs
- 24.923 LPs
- 22.000 EPs
- 740.000 EPs
- 209.000 EPs
- 1,88 mi LPs

2009 — US$73mi
- 53.766 LPs
- 106.000 EPs
- 1,2 mi LPs e EPs
- 15.747 LPs e EPs
- 3.763 LPs
- 36.000 EPs
- 332.000 EPs
- 219.000 LPs
- 2,5 mi LPs
- 103.000 LPs
- 51.000 LPs

Legenda:
- Austrália
- Alemanha
- Finlândia
- Hungria
- Japão
- Holanda
- Espanha
- Suécia
- Reino Unido
- Estados Unidos
- Vendas globais

Escala: 5.000 — 10.000 — 20.000 — 30.000 — 40.000 — 50.000 — 60.000 — 70.000 — 80.000 — 90.000 — 100.000 — 200.000 — 300.000 — 1 milhão — 2 milhões — 3 milhões — 4 milhões — 5 milhões

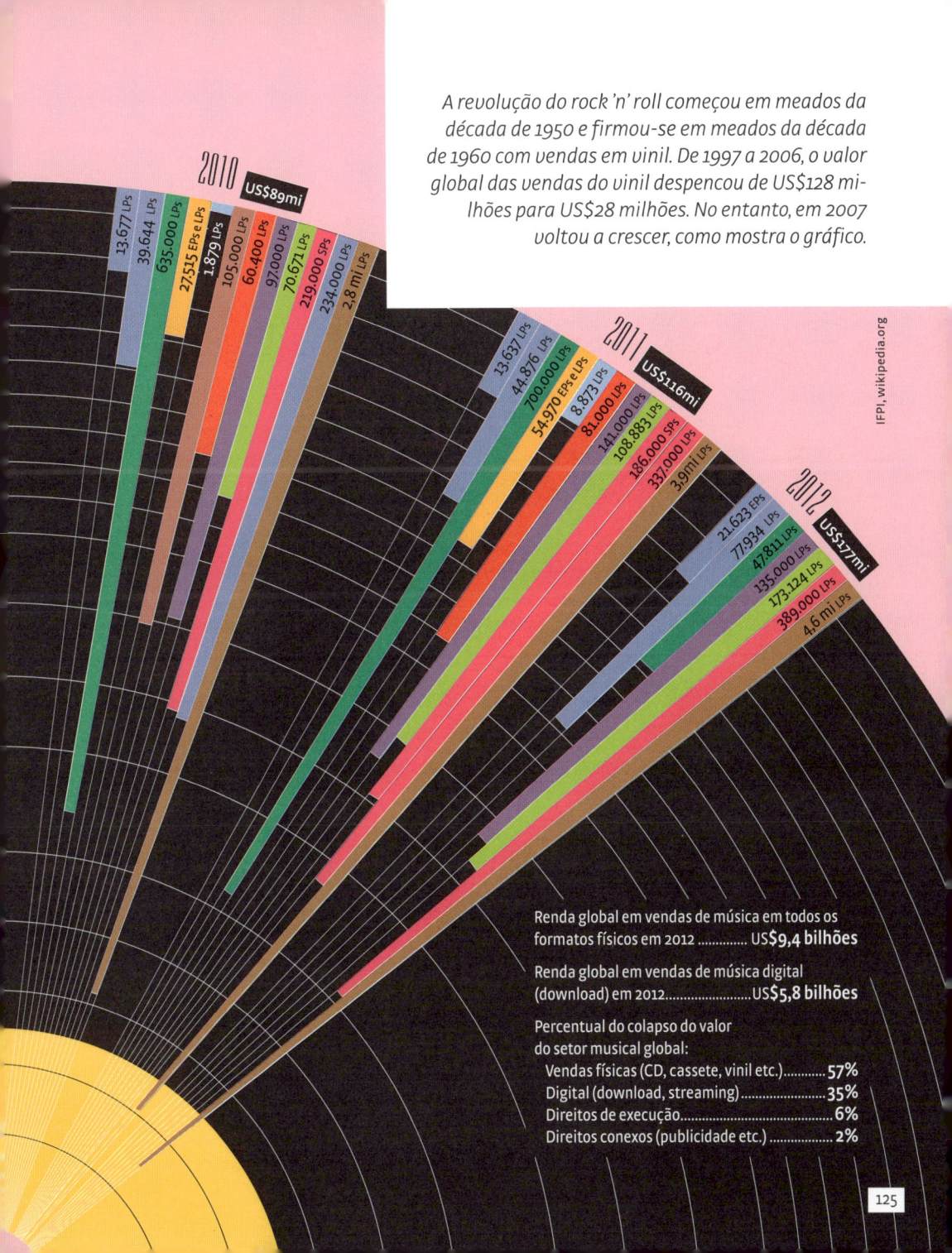

A revolução do rock 'n' roll começou em meados da década de 1950 e firmou-se em meados da década de 1960 com vendas em vinil. De 1997 a 2006, o valor global das vendas do vinil despencou de US$128 milhões para US$28 milhões. No entanto, em 2007 voltou a crescer, como mostra o gráfico.

IFPI, wikipedia.org

2010 — US$89mi
- 13.677 LPs
- 39.644 LPs
- 635.000 EPs e LPs
- 27.515 LPs
- 1.879 LPs
- 105.000 LPs
- 60.400 LPs
- 97.000 LPs
- 70.671 LPs
- 219.000 SPs
- 234.000 LPs
- 2,8 mi LPs

2011 — US$116mi
- 13.637 LPs
- 44.876 LPs
- 700.000 EPs e LPs
- 54.970 LPs
- 8.873 LPs
- 81.000 LPs
- 141.000 LPs
- 108.883 LPs
- 186.000 SPs
- 337.000 LPs
- 3,9 mi LPs

2012 — US$177mi
- 21.623 EPs
- 77.934 LPs
- 47.811 LPs
- 135.000 LPs
- 173.124 LPs
- 389.000 LPs
- 4,6 mi LPs

Renda global em vendas de música em todos os formatos físicos em 2012 .... US**$9,4 bilhões**

Renda global em vendas de música digital (download) em 2012 .... US**$5,8 bilhões**

Percentual do colapso do valor do setor musical global:
- Vendas físicas (CD, cassete, vinil etc.)............ **57%**
- Digital (download, streaming)....................... **35%**
- Direitos de execução................................. **6%**
- Direitos conexos (publicidade etc.) **2%**

O **BOLO** DOS ROYALTIES

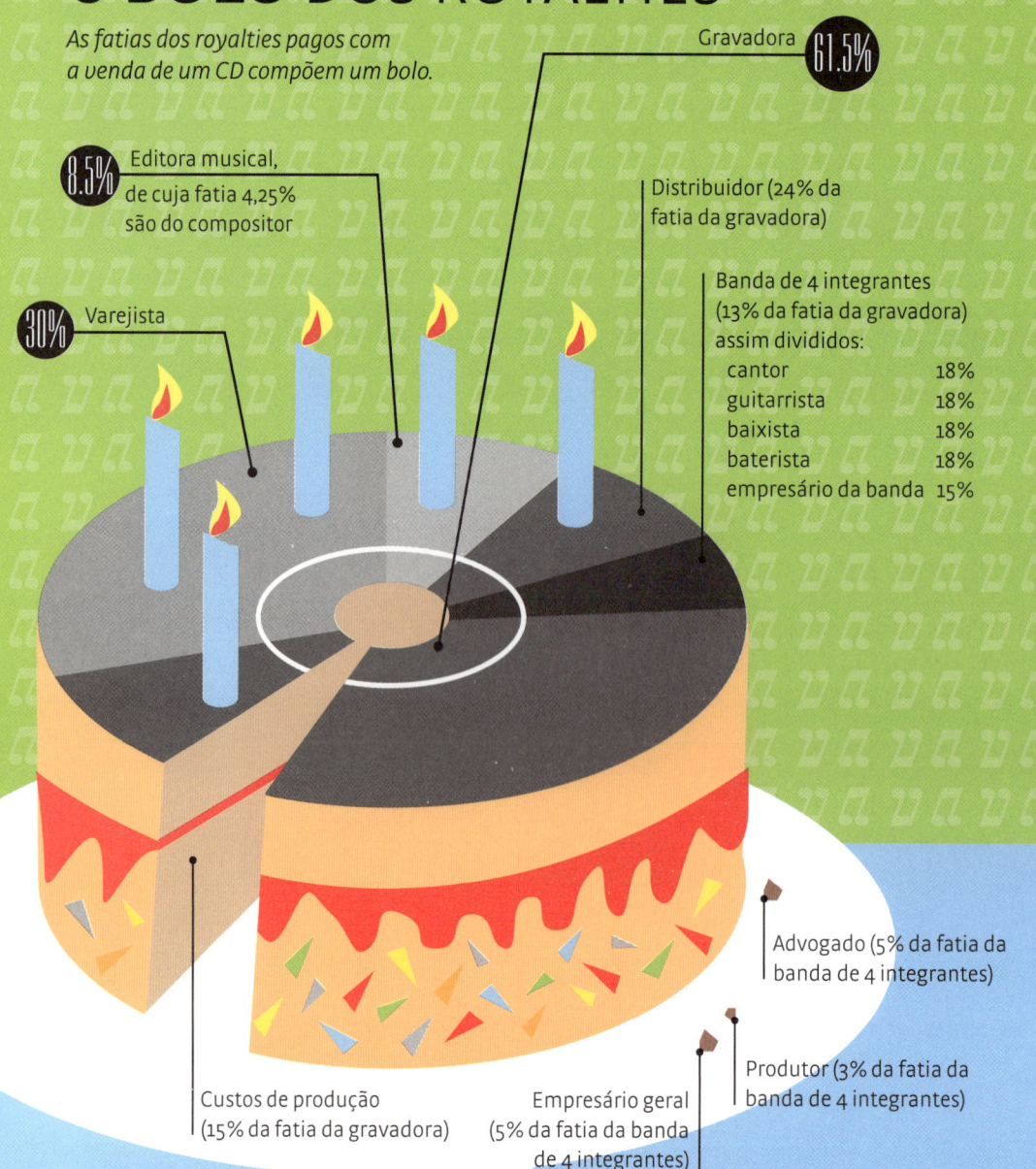

As fatias dos royalties pagos com a venda de um CD compõem um bolo.

Gravadora 61,5%

8,5% Editora musical, de cuja fatia 4,25% são do compositor

Distribuidor (24% da fatia da gravadora)

30% Varejista

Banda de 4 integrantes (13% da fatia da gravadora) assim divididos:
- cantor 18%
- guitarrista 18%
- baixista 18%
- baterista 18%
- empresário da banda 15%

Advogado (5% da fatia da banda de 4 integrantes)

Produtor (3% da fatia da banda de 4 integrantes)

Custos de produção (15% da fatia da gravadora)

Empresário geral (5% da fatia da banda de 4 integrantes)

GRANDES COVERS

Às vezes uma música não funciona com seu intérprete original, mas outro cantor faz dela um grande sucesso – no mundo inteiro. A seguir, seis das versões cover mais famosas dos últimos 40 anos.

Whitney Houston, 1992
I Will Always Love You
1974
Dolly Parton

Cyndi Lauper, 1983
Girls Just Want to Have Fun
1979
Robert Hazard

Soft Cell, 1981
Tainted Love
1965
Gloria Jones

Joan Jett & The Blackhearts, 1982
I Love Rock 'n Roll
1975
The Arrows

Mariah Carey, 1994
Without You
1970
Badfinger

Nilsson, 1971

Sinéad O'Connor, 1990
Nothing Compares 2 U
1985
The Family

faixas coloridas nos discos = total de países em que o novo lançamento foi número um

faixas brancas nos discos = número de países nos quais o lançamento ficou entre as dez mais

wikipedia.org   127

ARTISTAS QUE FICARAM SÓ UMA VEZ ENTRE AS DEZ MAIS

POSIÇÃO MAIS ELEVADA NAS PARADAS	#	Artista / Único single no Top 10 (ano)	☆ = 10º lugar / ★ = 1º lugar
	9	**The Who** — I Can See For Miles (1967)	
	4	**Led Zeppelin** — Whole Lotta Love (1969)	
	1	**Janis Joplin** — Me and Bobby McGee (1971)	
	1	**Neil Young** — Heart Of Gold (1972)	
	7	**Joni Mitchell** — Help Me (1974)	
	8	**Lynyrd Skynyrd** — Sweet Home Alabama (1974)	
	3	**Boz Scaggs** — Lowdown (1976)	
	1	**Pink Floyd** — Another Brick In The Wall (1980)	
	5	**Willie Nelson** — Always On My Mind (1982)	
	8	**The Clash** — Rock The Casbah (1983)	
	9	**Grateful Dead** — Touch Of Grey (1987)	
	2	**The Cure** — Lovesong (1989)	
	7	**Tom Petty** — Free Fallin' (1989)	
	6	**Nirvana** — Smells Like Teen Spirit (1991)	
	10	**Metallica** — Until It Sleeps (1996)	
	5	**Garth Brooks** — Lost In You (1999)	
	2	**Daft Punk** — Get Lucky (2013)	

Lulu — *To Sir With Love* (1967)

B.J. Thomas — *Raindrops Keep Falling On My Head* (1970)

SÓ **UMA** VEZ – OU **NENHUMA**

O maior mercado de singles do mundo sempre foi o americano, e a parada de sucessos mais importante, a Billboard Hot 100. Mas a lista de artistas que entraram nas paradas apenas uma vez ou nenhuma é longa – e surpreendente.

POSIÇÃO MAIS ELEVADA NAS PARADAS	#	Artista / Posição no Top 100 (ano)	☆ = 51º lugar / ☆ x 50 = 1º lugar
	15	**B.B. King** — *The Thrill Is Gone* (1970)	
	20	**Jimi Hendrix** — *All Along The Watchtower* (1968)	
	51	**Bob Marley** — *Roots Rock Reggae* (1976)	
	18	**Nina Simone** — *I Loves You, Porgy* (1959)	
	23	**AC/DC** — *Moneytalks* (1990)	
	30	**Kate Bush** — *Running Up That Hill* (1985)	
	19	**Elvis Costello** — *Veronica* (1989)	
	28	**Iggy Pop** — *Candy* (1990)	
	46	**Morrissey** — *The More You Ignore Me* (1994)	
	34	**Radiohead** — *Creep* (1992)	

ARTISTAS QUE NUNCA FICARAM ENTRE AS DEZ MAIS

NUNCA ENTRARAM NAS PARADAS

- The Velvet Underground
- The Sex Pistols
- Motörhead
- New York Dolls
- Tom Waits

RINGO STARR — THE BEATLES

ALTURA 1,68m

Bateria Ludwig de 4 peças

PEÇA	PROFUNDIDADE	LARGURA
BUMBO	35,6cm	50,8cm
CAIXA	14cm	35,6cm
TOM-TOM	20,3cm	30,5cm
SURDO	35,6cm	35,6cm

CHARLIE WATTS — THE ROLLING STONES

ALTURA 1,73m

Bateria Gretsch de 4 peças

PEÇA	PROFUNDIDADE	LARGURA
BUMBO	35,6cm	55,9cm
CAIXA	12,7cm	35,6cm
TOM-TOM	20,3cm	30,5cm
SURDO	35,6cm	40,6cm

JOHN BONHAM — LED ZEPPELIN

ALTURA 1,79m

Bateria Ludwig de 5 peças

PEÇA	PROFUNDIDADE	LARGURA
BUMBO	35,6cm	66cm
CAIXA	16,5cm	35,6cm
TOM-TOM	30,5cm	35,6cm
SURDO	40,6cm	40,6cm
SURDO	40,6cm	45,7cm

TAMANHO FAZ DIFERENÇA?

Comparando os quatro bateristas de rock mais famosos em termos de altura e equipamento usado, ao que parece a altura do músico se equipara ao tamanho do kit da bateria, exceto no caso de Keith Moon, que se superava em todos os aspectos.

KEITH MOON – THE WHO

ALTURA 1,75m

Bateria Premier Custom de 9 peças

PEÇA	PROFUNDIDADE	LARGURA
BUMBO	35,6cm	55,9cm
BUMBO	35,6cm	55,9cm
CAIXA	14cm	35,6cm
TOM-TOM	20,3cm	35,6cm
TOM-TOM	20,3cm	35,6cm
TOM-TOM	20,3cm	35,6cm
SURDO	40,6cm	40,6cm
SURDO	40,6cm	45,7cm
SURDO	40,6cm	45,7cm

thewho.net, johnbonham.co.uk, gretschdrums.com, ringosbeatleskits.com

1952
Konkrete Etude
Karlheinz Stockhausen,
Suíça
Amplo uso do
Primeira gravação
utilizando a técnica
de cortar e emendar
fitas com sons gerados
eletronicamente.

1953
Estúdio
Nordwestdeutscher
Rundfunk
(NWDR)
Colônia, Alemanha
Centro alemão de música
equipado com geradores
eletrônicos de som

1956
Trilha sonora do filme
Planeta proibido
Louis e Bebe Barron,
EUA
Primeira trilha sonora
puramente eletrônica

1957
MUSIC-N
Max Mathews,
Bell Labs, EUA
Primeiro programa de
computador para gerar
ondas sonoras digitais
através de síntese direta

1958
Teremim elétrico
Bob Whitsell, EUA
Adaptação do teremim
com método de entrada
mecânico

1959
Columbia-Princeton
Studio, Nova York
Vladimir Ussachevsky,
Rússia
Integrated RCA II,
primeiro sintetizador
controlado por
voltagem

1963
Mellotron
Harry Chamberlin, EUA,
Frank, Norman e
Les Bradley, Reino Unido
Teclado polifônico
eletromecânico de
repetição por fita

Tema de Dr. Who
Delia Derbyshire, BBC
Radiophonic Workshop,
Reino Unido
Versão eletrônica do tema
escrito por Ron Grainer

1964
Sintetizador Moog
Robert Moog, EUA
Primeiro sintetizador
subtrativo modular
controlado por voltagem

1966
Pet Sounds
The Beach Boys, EUA
Amplo uso do
electro-theremin

Nights In White Satin
The Moody Blues,
Reino Unido
Gravada com o Mellotron

*Strawberry
Fields Forever*
Beatles, Reino Unido
Gravada com o Mellotron

1968
Switched-On Bach
Wendy Carlos, EUA
Primeira gravação erudita
a utilizar sintetizadores e
primeira no gênero a vender
mais de 500 mil cópias

1969
Moog 950B Scale
Programmer
Robert Moog, EUA
Equipamento para
estabilizar notas em
tempo real durante a
apresentação

1971
ARP 2600
Alan R. Pearlman,
Dennis Colin, EUA
Sintetizador subtrativo
semimodular comerciali-
zado para iniciantes

1973
Synclavier
New England Digital
Corp., EUA
Protótipo de sintetizador
digital e sistema
de sampler polifônico
digital

1974
Autobahn
Kratfwerk, Alemanha
Álbum de sucesso interna-
cional e single nas paradas
com vasto uso do Minimoog
e sintetizadores similares,
originou o Krautrock

Phaedra
Tangerine Dream,
Alemanha
Álbum de sucesso inter-
nacional com amplo uso
do Mellotron e do Moog,
originou o synth-rock

1975
Love To Love You Baby
Donna Summer, EUA,
Giorgio Moroder, Itália
Primeiro sucesso
internacional de música
disco a utilizar somente
instrumentos
sintetizados

1976
Oxygéne
Jean Michel Jarre,
França
Sucesso internacional,
precursor da música
ambiente, com o ARP 2600

1978
*You Make Me Feel
(Mighty Real)*
Sylvester, EUA
Sucesso internacional da
Hi-NRG, todo sintetizado
a 13-140 BPM

Oberheim OB-1
Tom Oberheim, EUA
Primeiro sintetizador
analógico programável

1979
Solid State Survivor
Yellow Magic Orchestra,
Japão
Sucesso gravado com
bateria Roland TR-808,
deu início ao electro

Cars
Gary Numan,
Reino Unido
Sucesso da new-wave,
gravado com Minimoog
e Polymoog

Fairlight CMI
Peter Vogel, Kim Ryrie,
Tony Furse, Austrália
Primeira estação de sampler

HISTÓRIA DA **MÚSICA** ELETRÔNICA

Sintetizadores, baterias eletrônicas, sequenciadores e Auto-Tune são hoje muito comuns para se fazer música e, sem eles, inúmeros astros poderiam ainda estar preparando hambúrgueres e sonhando em virar ídolos. Veja aqui como a eletricidade condicionou a produção musical e os lançamentos-chave dos gêneros de música eletrônica.

1980
Linn LM-1
Roger Linn, EUA
Primeira bateria eletrônica a usar samples digitais de baterias reais

Roland TR808
Roland Corporation, Japão
Primeira bateria eletrônica programável comercialmente viável

1981
Vienna
Ultravox, Reino Unido
Sucesso internacional gravado no estúdio do Kraftwerk em Colônia

1982
Planet Rock
Afrika Bambaata, EUA
Primeiro single de rap gravado com o TR-808, usando sintetizadores Fairlight, Moog e Prophet

Roland TBTB-303
Roland Corp., Japão
Sintetizador de baixo com sequenciador integrado

I Ran (So Far Away)
A Flock of Seagulls, Reino Unido
Primeira banda britânica de synth-pop a fazer sucesso nos EUA

Prophet 600
Sequential Circuits, EUA
Primeiro sintetizador MIDI

1983
Rip It Up
Orange Juice, Reino Unido
Primeiro sucesso gravado com o TB-303

Six-Trak
Sequential Circuits, EUA
Primeiro sintetizador multitimbral com MIDI e sequenciadores

Yamaha DX7
Yamaha Corporation, Japão
Primeiro sintetizador digital barato

1985
Atari ST
Atari Corp, EUA
Primeiro computador pessoal com MIDI integrado

Take On Me
A-Ha, Noruega
Sucesso do synth-pop gravado com Fairlight

1987
Acid Tracks
Phuture, EUA
Criação do gênero acid house, utilizando o TB-303

1998
Believe
Cher, EUA
Primeiro lançamento comercial a usar o Auto-Tune

Moon Safari
Air, França
Eletrônica retrô com sintetizadores da década de 1980

1997
Auto-Tune
Andy Hildebrand, Antares Audio Technologies, EUA
Processador de áudio que mede e corrige o tom de vocais e instrumentos

1991
Pro Tools
Digi Design, EUA
Atualização do Sound Tools com separação por faixas

1989
Sound Tools
Evan Brooks, Peter Gotcher, Digi Design, EUA
Editor de áudio estéreo computadorizado para o Macintosh da Apple

Waldorf Microwave
Waldorf Music, Alemanha
Primeiro sintetizador comercial com wavetable

Proteus 1
E-Mu Systems, EUA
Primeiro sampler com Read Only Memory (ROM) comercializado

synthmuseum.com, acousmata.com, historyofrecording.com, richardhess.com, mixonline.com, newworldrecords.org, wikipedia.org

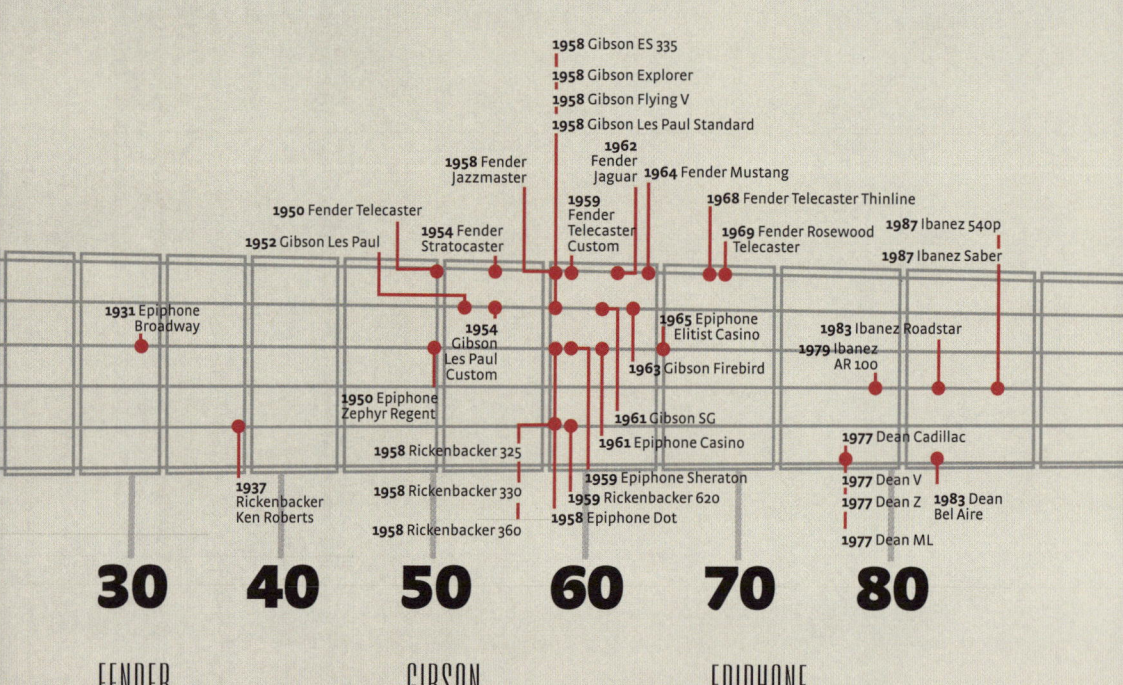

Guitar Timeline

- **1931** Epiphone Broadway
- **1937** Rickenbacker Ken Roberts
- **1950** Fender Telecaster
- **1950** Epiphone Zephyr Regent
- **1952** Gibson Les Paul
- **1954** Fender Stratocaster
- **1954** Gibson Les Paul Custom
- **1958** Fender Jazzmaster
- **1958** Gibson ES 335
- **1958** Gibson Explorer
- **1958** Gibson Flying V
- **1958** Gibson Les Paul Standard
- **1958** Rickenbacker 325
- **1958** Rickenbacker 330
- **1958** Rickenbacker 360
- **1958** Epiphone Dot
- **1959** Fender Telecaster Custom
- **1959** Epiphone Sheraton
- **1959** Rickenbacker 620
- **1961** Gibson SG
- **1961** Epiphone Casino
- **1962** Fender Jaguar
- **1963** Gibson Firebird
- **1964** Fender Mustang
- **1965** Epiphone Elitist Casino
- **1968** Fender Telecaster Thinline
- **1969** Fender Rosewood Telecaster
- **1977** Dean Cadillac
- **1977** Dean V
- **1977** Dean Z
- **1977** Dean ML
- **1979** Ibanez AR 100
- **1983** Ibanez Roadstar
- **1983** Dean Bel Aire
- **1987** Ibanez 540p
- **1987** Ibanez Saber

30 40 50 60 70 80

FENDER
- FENDER TELECASTER
- FENDER STRATOCASTER
- FENDER JAGUAR
- FENDER JAZZMASTER
- FENDER MUSTANG

GIBSON
- GIBSON LES PAUL
- GIBSON SG
- GIBSON EXPLORER
- GIBSON FLYING V
- GIBSON FIREBIRD
- GIBSON ES 335

EPIPHONE
- EPIPHONE BROADWAY
- EPIPHONE SHERATON
- EPIPHONE CASINO
- EPIPHONE DOT
- EPIPHONE ELITIST CASINO
- EPIPHONE ZEPHYR REGENT

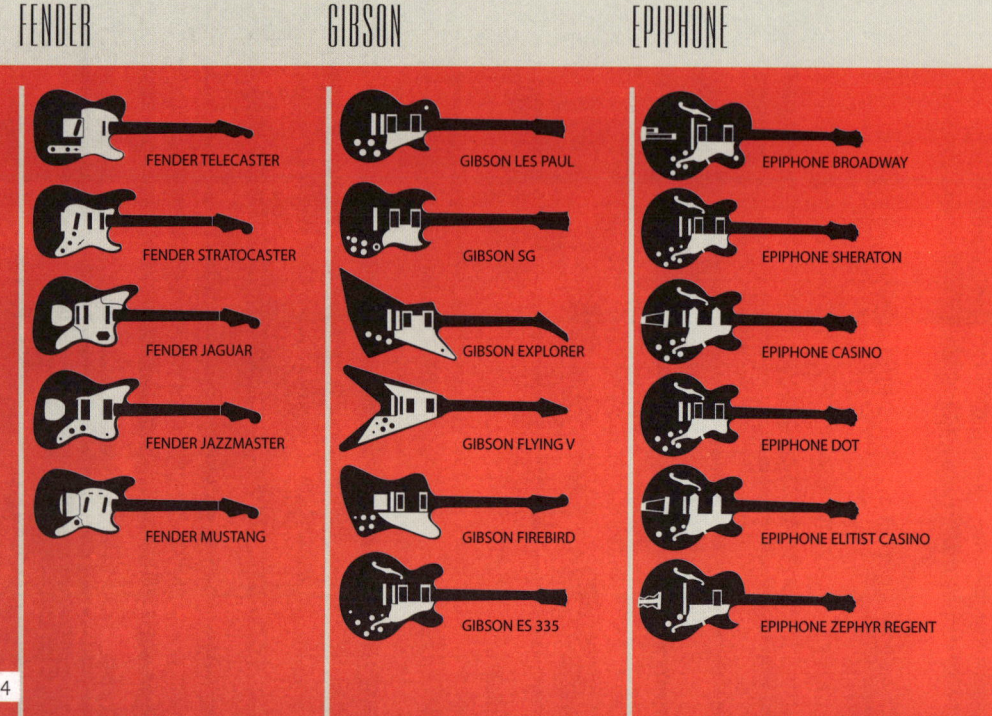

ROCK OF **AGES**

Mais do que qualquer outro instrumento, a guitarra elétrica definiu não apenas o som mas também o visual e a imagem descolada da música popular. Aqui estão os seis modelos-chave das maiores fabricantes de guitarras, produzidos desde a década de 1930.

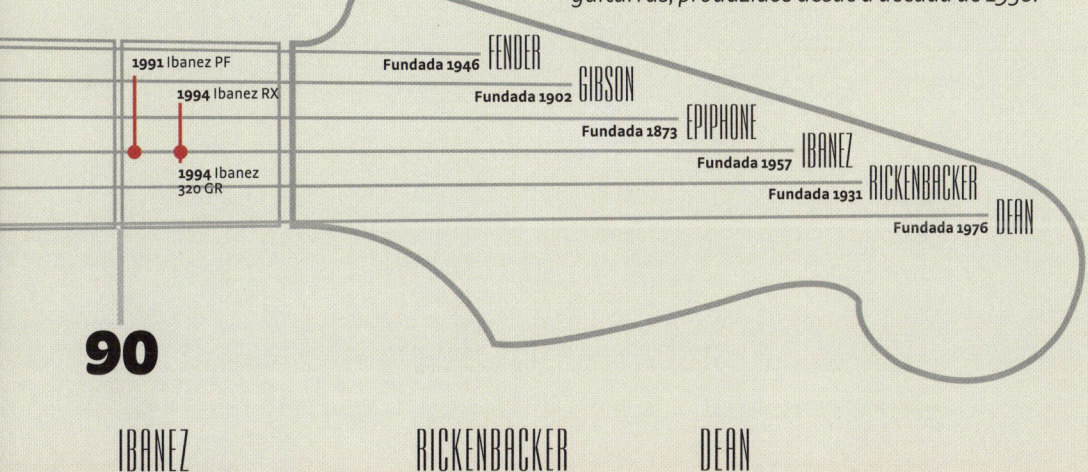

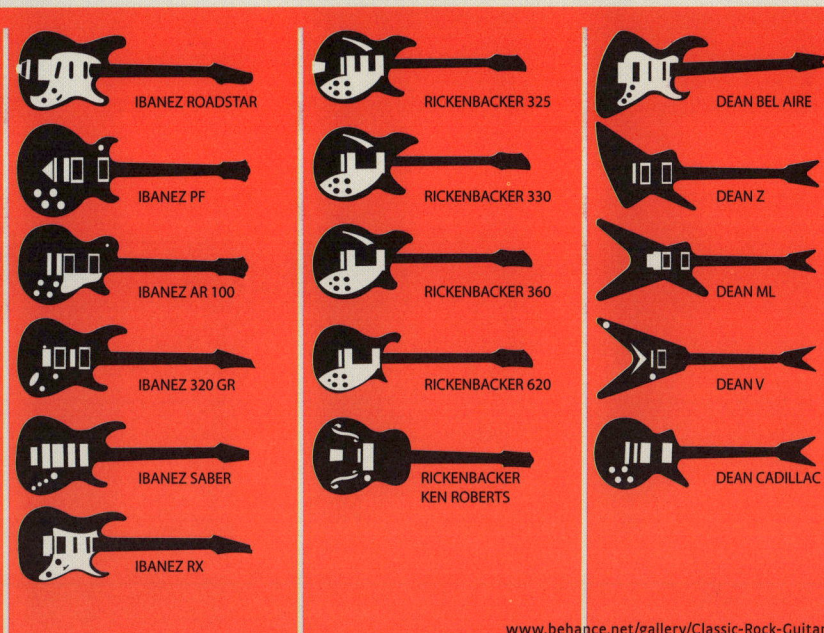

FENDER Fundada 1946
GIBSON Fundada 1902
EPIPHONE Fundada 1873
IBANEZ Fundada 1957
RICKENBACKER Fundada 1931
DEAN Fundada 1976

1991 Ibanez PF
1994 Ibanez RX
1994 Ibanez 320 GR

90

IBANEZ
- IBANEZ ROADSTAR
- IBANEZ PF
- IBANEZ AR 100
- IBANEZ 320 GR
- IBANEZ SABER
- IBANEZ RX

RICKENBACKER
- RICKENBACKER 325
- RICKENBACKER 330
- RICKENBACKER 360
- RICKENBACKER 620
- RICKENBACKER KEN ROBERTS

DEAN
- DEAN BEL AIRE
- DEAN Z
- DEAN ML
- DEAN V
- DEAN CADILLAC

www.behance.net/gallery/Classic-Rock-Guitars/4814763

EU DESAFIEI A LEI
(SÓ QUE NÃO)

As dez mais conhecidas canções que evocam a vida na prisão, comparadas com o tempo que seus intérpretes passaram na cadeia.

POSIÇÃO MAIS ALTA NAS PARADAS

- 2 — Chuck Berry, Thirty Days
- 9 — Bobby Fuller Four, I Fought The Law
- 8 — The Rolling Stones (Jagger e Richard), We Love You
- 1 — Merle Haggard, Mama Tried
- 1 — Johnny Cash, Folsom Prison Blues
- 1 — Wings (Paul McCartney), Band On The Run
- 35 — The Clash, Jail Guitar Doors
- 3 — Dr. Dre, Stranded On Death Row
- 2 — Tupac Shakur, 16 On Death Row
- 8 — Akon, Locked Up

DIAS NA PRISÃO

- 55 — Cruzar a fronteira estadual com uma garota de 14 anos — 1613
- 65 — Posse de drogas — 0
- 67 — Tentativa de assalto + fuga da prisão — 3
- 68 — Mama Tried — 1217
- 68 — Delitos leves — 1
- 74 — Posse de drogas — 9
- 78 — Atirar em pombos — 0,5
- 92 — Violação de condicional + dirigir embriagado — 335
- 97 — Abuso sexual — 25
- 04 — Roubo de carros — 1095

wikipedia.org

ÍNDICE
DO SOLIPSISMO

É preciso ter um ego imenso para ficar diante de milhares de pessoas estranhas e entretê-las. Por isso, é de se esperar que os astros pop falem sobre si mesmos em suas músicas. Mas será que um ego de fato inflado significa também uma alta taxa de autorreferência nas gravações de um artista? A seguir, dez das maiores estrelas musicais das últimas seis décadas, classificadas por um índice de solipsismo.

ARTISTA	NÚMERO DE MÚSICAS GRAVADAS	MÚSICAS COM AUTORREFERÊNCIA NO TÍTULO	PORCENTAGEM
Lady Gaga	51	4	7,8%
U2	140	11	7,8%
Bruce Springsteen	213	19	8,9%
Metallica	98	10	10,2%
Madonna	179	24	13,4%
Michael Jackson	140	29	20,2%
Elvis Presley	657	171	26%
Frank Sinatra	1268	355	28%
Britney Spears	95	30	31,5%
The Beatles	214	81	37,8%

MADONNA NA MÚSICA

	MADONNA	LIKE A VIRGIN	TRUE BLUE
	1983	1984	1986
Álbuns vendidos	10.000.000	▲ 21.000.000	▼ 17.000.000

	RAY OF LIGHT	MUSIC	AMERICAN LIFE
	1998	2000	2003
Álbuns vendidos	▲ 16.000.000	▼ 15.000.000	▼ 5.000.000

Depois de seu primeiro single de sucesso no mundo inteiro em 1983, Madonna virou um dos ícones musicais daquela década. Desde então lançou doze álbuns de estúdio, com resultados de vendas variados, como mostra este gráfico.

LIKE A PRAYER	EROTICA	BEDTIME STORIES
1989 ↓ 15.000.000	**1992** ↓ 6.000.000	**1994** ↓ 5.500.000

CONFESSIONS ON THE DANCE FLOOR	HARD CANDY	MDNA
2005 ↑ 12.000.000	**2008** ↓ 4.000.000	**2012** ↓ 2.000.000

wikipedia.org

OS BEATLES NO SHEA STADIUM EM 1965

John Lennon
Guitarra Rickenbacker 325 (1964)
Órgão elétrico Vox Continental
2 cabeçotes de amplificador Vox AC de 100 watts e caixas de som com suporte

Paul McCartney
Contrabaixo Hofner Violin (1962)
Cabeçote de amplificador de baixo Vox T de 100 watts e caixa de som com suporte

George Harrison
Guitarra Gretsch Tennessean (1964)
Violão de 12 cordas Rickenbacker 360 (1964)
Guitarra Gretsch Country Classic
Cabeçote de amplificador Vox AC de 100 watts e caixa de som com suporte

Ringo Starr
Kit de bateria Ludwig de 4 peças com bumbo de 55,9cm
Pele de bumbo de bateria Número 5, com aquele logo dos Beatles com o T prolongado

PA
5 microfones:
Dois plugados nos "amps" de guitarra para "monitorar" o som do palco, três nos sistemas de PA do local; um para a bateria, dois para os vocais

O sistema de PA do Shea Stadium
Amplificadores valvulados Altec tube de 600 watts
6 caixas de som Altec 2 canais A7-500
6 colunas de som EV
Mesa de som Altec 1567

Iluminação
Os refletores do estádio

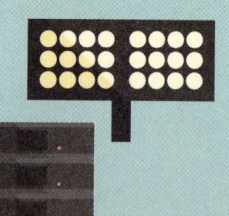

O SOM DA MÚSICA AO VIVO

Segundo a lenda, quando os Beatles tocaram no Shea Stadium de Nova York em 1965 para 55 mil pessoas aos berros, tinham apenas o sistema de alto-falantes Tannoy do local para difundir o som. Na verdade, contavam com mais do que isso, mas, como mostra esta comparação com o equipamento usado no século XXI por Paul McCartney em sua turnê, os Beatles tinham graves problemas com potência de som.

TURNÊ DE PAUL MCCARTNEY EM 2008

Paul McCartney
Contrabaixo Hofner
Violão acústico reverse Epiphone
Guitarra elétrica Gibson Les Paul Sunburst para canhoto
2 amplificadores VOX AC100
2 cabeçotes de amplificador Mesa Boogie de 400+ watts
2 caixas de som Mesa Boogie/EV Road Ready 45,7cm

Rusty Anderson
Guitarra Gibson ES 335 (1959)
Guitarra Gibson ES 335 (1965)
Guitarra elétrica Gibson SG
2 amplificadores Divided By 13
JRT 9/15 watts
Rack de pedais de efeitos

Brian Ray
Contrabaixo Guild M85 (1959)
Guitarra Gretsch Double Anniversary
Guitarra elétrica Les Paul Sunburst
Cabeçote de amplificador Marshall JTM 45
2 caixas de som Marshall 2×12 closed-back

Efeitos de guitarra:
Pedais Guitarsystems
Pedais Divided By 13
Demeter Compulator
Vibrato Boss VB-2
Delay Line 6 DL4
Pedais de modulação MM4
MXR Micro Amp
Pedal fuzz

Paul 'Wix' Wickens
Órgão Native Instruments B4
Titanium PowerBook
Absynth
FM7
Reaktor
Sintetizadores vintage Pro-52

PA
32 alto-falantes MILO em linha, em gruas de 61m de altura
Alto-falantes MILO, 7 à esquerda, 9 à direita
12 alto-falantes frontais UPA-1P
48 subwoofers 700-HP
3 torres de delay esquerda-direita-centro – com um total de 20 alto-falantes MICA em linha em cada uma
Sistema de gerenciamento de alto-falantes Galileo com 3 unidades Galileo 616
Mesa de som Clair com 100 entradas
3 bancos de controles por fader de 10 ×

Iluminação
59 spots Martin MAC 2000
36 ATs Robe ColorWash 1200E
19 washes Coemar Infinity 1500
15 MAC 2000 washes
24 Xenon 4kWs
3 shadow spots Clay Paky 1,2kW e 6 follow spots Robert Juliat 2,5kW

Abe Laboriel Jr.
Kit Drum Workshop:
bumbo com acelerador
Pedal duplo
Caixa reta
3 tom-toms de chão
Chimbau Paiste
2 pratos de ataque
2 pratos de condução

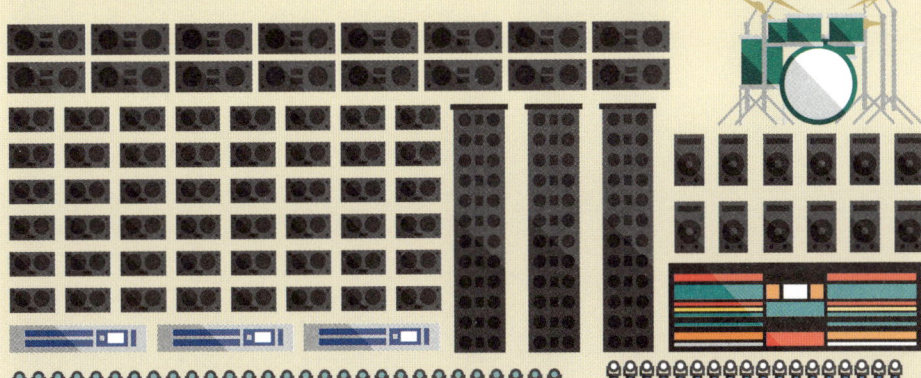

soundonsound.com, fifthbeatle.proboards.com, voxamps.com, rustyanderson.com, meyersound.com, wikipedia.org

MARAVILHAS COM 3 ACORDES

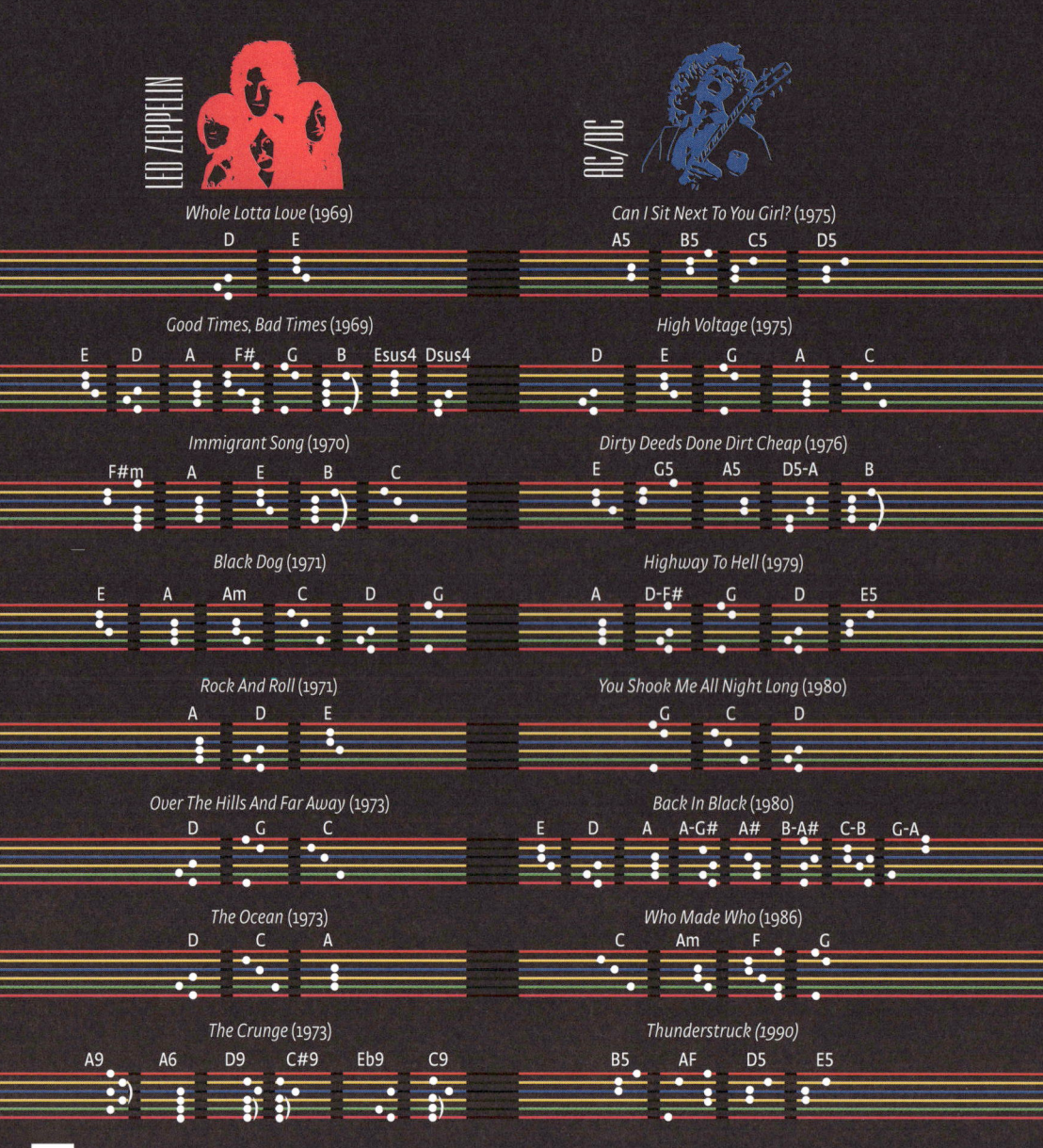

LED ZEPPELIN

Whole Lotta Love (1969)
D   E

Good Times, Bad Times (1969)
E   D   A   F#   G   B   Esus4   Dsus4

Immigrant Song (1970)
F#m   A   E   B   C

Black Dog (1971)
E   A   Am   C   D   G

Rock And Roll (1971)
A   D   E

Over The Hills And Far Away (1973)
D   G   C

The Ocean (1973)
D   C   A

The Crunge (1973)
A9   A6   D9   C#9   Eb9   C9

AC/DC

Can I Sit Next To You Girl? (1975)
A5   B5   C5   D5

High Voltage (1975)
D   E   G   A   C

Dirty Deeds Done Dirt Cheap (1976)
E   G5   A5   D5-A   B

Highway To Hell (1979)
A   D-F#   G   D   E5

You Shook Me All Night Long (1980)
G   C   D

Back In Black (1980)
E   D   A   A-G#   A#   B-A#   C-B   G-A

Who Made Who (1986)
C   Am   F   G

Thunderstruck (1990)
B5   AF   D5   E5

Sempre se disse que no mundo do rock a banda só precisa saber tocar três acordes para fazer um bom rock'n'roll, com som bem pauleira. Examinando os acordes usados ao longo das carreiras de quatro das melhores bandas – Led Zeppelin, AC/DC, Ramones e Scorpions –, a impressão é que isso não é verdade.

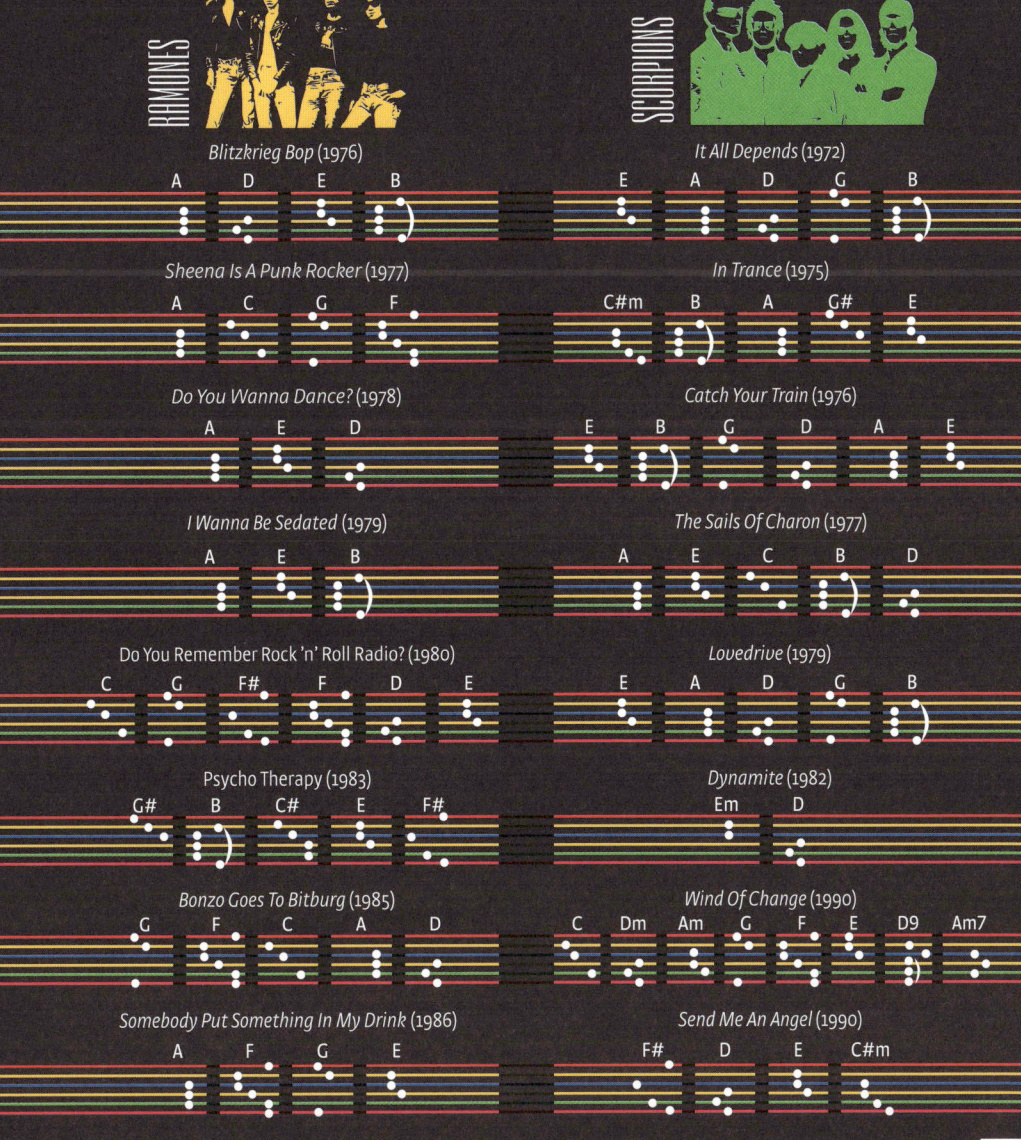

RAMONES

Blitzkrieg Bop (1976) — A D E B

Sheena Is A Punk Rocker (1977) — A C G F

Do You Wanna Dance? (1978) — A E D

I Wanna Be Sedated (1979) — A E B

Do You Remember Rock 'n' Roll Radio? (1980) — C G F# F D E

Psycho Therapy (1983) — G# B C# E F#

Bonzo Goes To Bitburg (1985) — G F C A D

Somebody Put Something In My Drink (1986) — A F G E

SCORPIONS

It All Depends (1972) — E A D G B

In Trance (1975) — C#m B A G# E

Catch Your Train (1976) — E B G D A E

The Sails Of Charon (1977) — A E C B D

Lovedrive (1979) — E A D G B

Dynamite (1982) — Em D

Wind Of Change (1990) — C Dm Am G F E D9 Am7

Send Me An Angel (1990) — F# D E C#m

A **SENHORA GORDA** VAI CANTAR: É O FIM?

Existe a lenda de que, nas óperas, a "senhora gorda" (a soprano), quase sempre na pele de uma personagem que vai morrer, canta antes disso uma ária solo. Porém, a maioria das 30 obras vistas aqui mostra que as coisas não funcionam bem assim.

Compositor | Título | *Personagem*

CANTAM POR ÚLTIMO E MORREM = 7

Verdi | La Traviata | *Violetta*

Puccini | Tosca | *Floria Tosca*

Puccini | Madame Butterfly | *Cio-Cio San*

Verdi | Rigoletto | *Gilda*

Verdi | Nabucco | *Abigaille*

Verdi | Il Trovatore | *Leonora*

Wagner | Der Fliegende Holländer | *Senta*

CANTAM POR ÚLTIMO E SOBREVIVEM = 3

Mozart | As bodas de Fígaro | *Condessa Rosina*

Puccini | Turandot | *Princesa Turandot*

Rossini | La Cenerentola | *Cenerentola*

operabase.com, wikipedia.org

NÃO CANTAM POR ÚLTIMO E MORREM = 8

Bizet | Carmen | *Carmen*
Puccini | La Bohème | *Mimi*
Verdi | Aïda | *Aïda*
Humperdinck | Hänsel Und Gretel | *A bruxa*
Leoncavallo | Pagliacci | *Nedda*
Donizetti | Lucia di Lammermoor | *Lucia*
Verdi | Otello | *Desdêmona*
Verdi | Macbeth | *Lady Macbeth*

NÃO CANTAM POR ÚLTIMO E SOBREVIVEM = 12

Mozart | A flauta mágica | *Pamina*
Rossini | O barbeiro de Sevilha | *Rosina*
Mozart | Don Giovanni | *Elvira*
Johan Strauss II | Die Fledermaus | *Rosalinde*
Donizetti | L'Elisir d'Amore | *Adina*
Mozart | Cosi Fan Tutti | *Fiordiligi / Dorabella*
Tchaikovsky | Eugene Onegin | *Tatyana*
Lehar | Die Lustige Witwe | *Hanna Glawari*
Mascagni | Cavalleria Rusticana | *Santuzza*
Verdi | Un Ballo In Maschera | *Amelia*
Mozart | Die Entführung aus dem Serail | *Konstanze*
Wagner | Die Walküre | *Brünnhilde*

DIVAS de todos os tamanhos: manequim de sopranos renomadas

36 — Maria Callas

38 — Marina Rebeka, Danielle de Niese, Kiri Te Kanawa

40 — Anna Netrobko, Katherine Jenkins, Elina Garanča

42 — Renée Fleming

44 — Celine Byrne

46 — Deborah Voigt

HIP-HOP EM NÚMEROS

Desde seu início nas festas de rua do Bronx por volta de 1973, o hip-hop evoluiu e se tornou uma das forças dominantes da música no mundo todo. Mas suas raízes ainda estão nos EUA, como mostram os números sobre os dez álbuns mais vendidos de todos os tempos. Os dados sugerem ainda que o estilo perdeu um pouco de popularidade a partir da virada do milênio.

O PÚBLICO

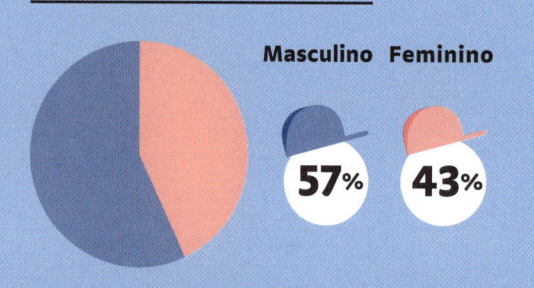

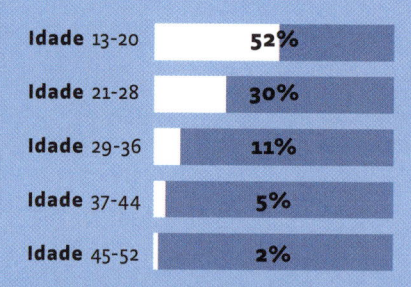

Masculino **57%** — Feminino **43%**

- Idade 13-20: **52%**
- Idade 21-28: **30%**
- Idade 29-36: **11%**
- Idade 37-44: **5%**
- Idade 45-52: **2%**

10 ÁLBUNS DE RAP QUE MAIS VENDERAM EM TODOS OS TEMPOS

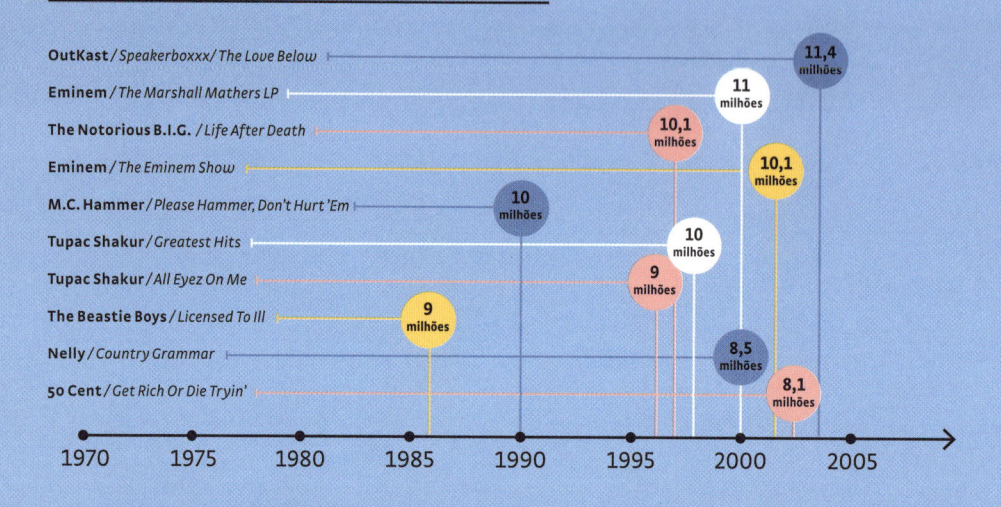

- OutKast / *Speakerboxxx / The Love Below* — 11,4 milhões
- Eminem / *The Marshall Mathers LP* — 11 milhões
- The Notorious B.I.G. / *Life After Death* — 10,1 milhões
- Eminem / *The Eminem Show* — 10,1 milhões
- M.C. Hammer / *Please Hammer, Don't Hurt 'Em* — 10 milhões
- Tupac Shakur / *Greatest Hits* — 10 milhões
- Tupac Shakur / *All Eyez On Me* — 9 milhões
- The Beastie Boys / *Licensed To Ill* — 9 milhões
- Nelly / *Country Grammar* — 8,5 milhões
- 50 Cent / *Get Rich Or Die Tryin'* — 8,1 milhões

www.hiphop365.com, www.wikipedia.org, www.audionetwork.com, www.celebritynetworth.com, www.beforeitsnews.com

ASTROS DE HIP-HOP MAIS RICOS

P. Diddy — US$590 milhões

Jay-Z — US$540 milhões

Dr. Dre — US$360 milhões

50 Cent — US$260 milhões

Birdman — US$170 milhões

Snoop Dogg — US$150 milhões

Eminem — US$140 milhões

Kanye West — US$120 milhões

Lil Wayne — US$115 milhões

Nicki Minaj — US$100 milhões

A NOVA ECONOMIA
DO SETOR DA MÚSICA

Como a tecnologia avança a cada dia, surgiram novos mercados para a audição de música, os quais ocasionaram que o consumo de música passasse da propriedade de uma mídia física para o acesso virtual. Essa mudança afeta não só o comportamento do usuário em relação à indústria musical, mas toda a sua economia.

O PODER DO ARTISTA
está mudando devido a novas plataformas musicais

Artistas solo podem ganhar dezenas de milhares de dólares por mês no YouTube.

Artistas solo podem faturar mais dinheiro por acesso no YouTube do que o que conseguem com o iTunes.

Exemplos de bandas que abandonaram suas gravadoras e criaram selo próprio:

- OK GO
- KID CUDI
- CAKE
- PRINCE
- WILCO
- GRETCHEN WILSON
- THE ROLLING STONES
- TRAIL OF DEAD
- ALKALINE TRIO
- OASIS
- WHITE STRIPES
- NINE INCH NAILS
- RADIOHEAD

www.pastemagazine.com

REI DO VÍDEO — Hoje, um artista pode pagar um serviço como o TuneCore para ser incluído na loja do iTunes. A partir daí, depois que a Apple embolsa sua parte, todos os 90 centavos vão para o artista.

$ PAGUE PARA TOCAR — A TuneCore cobra US$50 por ano e não fica com nenhuma parte da venda. Um artista precisa de cerca de 5 mil execuções de sua música no Spotify ou de 56 downloads de uma música sua no iTunes para começar a ganhar dinheiro.

www.thenextweb.com

Conforme o setor da música entra em uma nova era no que diz respeito ao ato de ouvir música, artistas, selos e varejistas precisam adaptar sua dinâmica para continuar a ganhar dinheiro. Devem agora levar em conta as múltiplas plataformas nas quais a música pode ser escutada.

www.priscilamendoza.mx/118810/1175471/design-management/the-new-economics-of-the-music-industry, www.rollingstone.com, www.pastemagazine.com, www.thenextweb.com

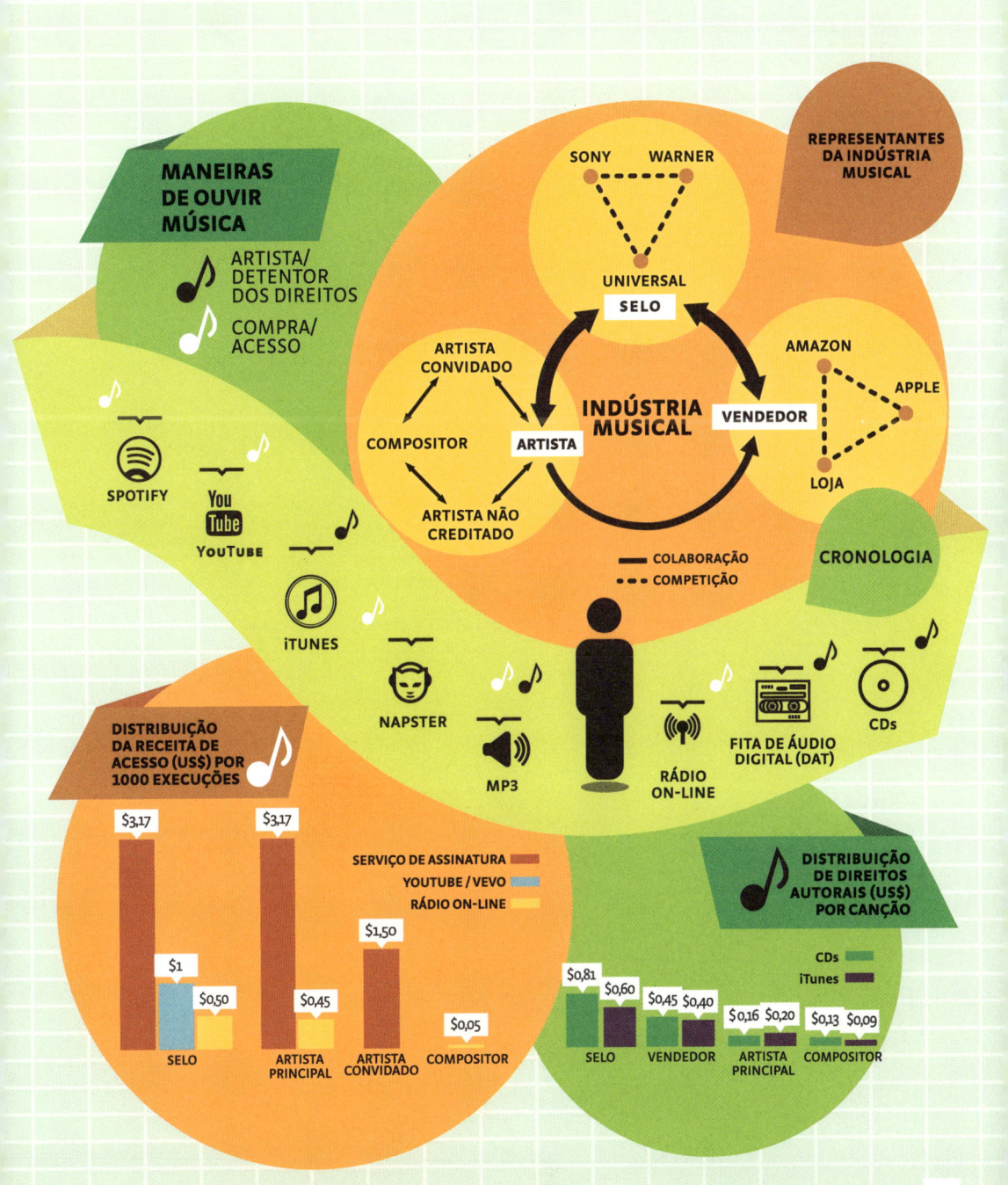

INDÚSTRIA MUSICAL

MANEIRAS DE OUVIR MÚSICA
- ARTISTA/DETENTOR DOS DIREITOS
- COMPRA/ACESSO

SPOTIFY · YouTube · iTUNES · NAPSTER · MP3 · RÁDIO ON-LINE · FITA DE ÁUDIO DIGITAL (DAT) · CDs

REPRESENTANTES DA INDÚSTRIA MUSICAL

SONY — WARNER — UNIVERSAL — **SELO**

AMAZON — APPLE — LOJA — **VENDEDOR**

ARTISTA CONVIDADO — COMPOSITOR — ARTISTA NÃO CREDITADO — **ARTISTA**

— COLABORAÇÃO
--- COMPETIÇÃO

CRONOLOGIA

DISTRIBUIÇÃO DA RECEITA DE ACESSO (US$) POR 1000 EXECUÇÕES

- SERVIÇO DE ASSINATURA
- YOUTUBE / VEVO
- RÁDIO ON-LINE

	SELO	ARTISTA PRINCIPAL	ARTISTA CONVIDADO	COMPOSITOR
Serviço de assinatura	$3,17	$3,17	$1,50	$0,05
YouTube/Vevo	$1	$0,45		
Rádio on-line	$0,50			

DISTRIBUIÇÃO DE DIREITOS AUTORAIS (US$) POR CANÇÃO

- CDs
- iTunes

	SELO	VENDEDOR	ARTISTA PRINCIPAL	COMPOSITOR
CDs	$0,81	$0,45	$0,16	$0,13
iTunes	$0,60	$0,40	$0,20	$0,09

TRILHA ORIGINAL

Embora as vendas de álbuns com trilhas sonoras originais fossem razoáveis nas décadas de 1950 e 1960, o que fazia mesmo sucesso eram as trilhas de peças adaptadas para o cinema ou as de filmes de um só artista, como Feitiço havaiano (1961), com Elvis Presley, ou Os reis do ié-ié-ié (1964) e Help! (1965), dos Beatles. No fim da década de 1970, porém, as trilhas sonoras originais estouraram como compilações quando o álbum de Os embalos de sábado à noite (1977) se tornou um dos mais vendidos de todos os tempos.

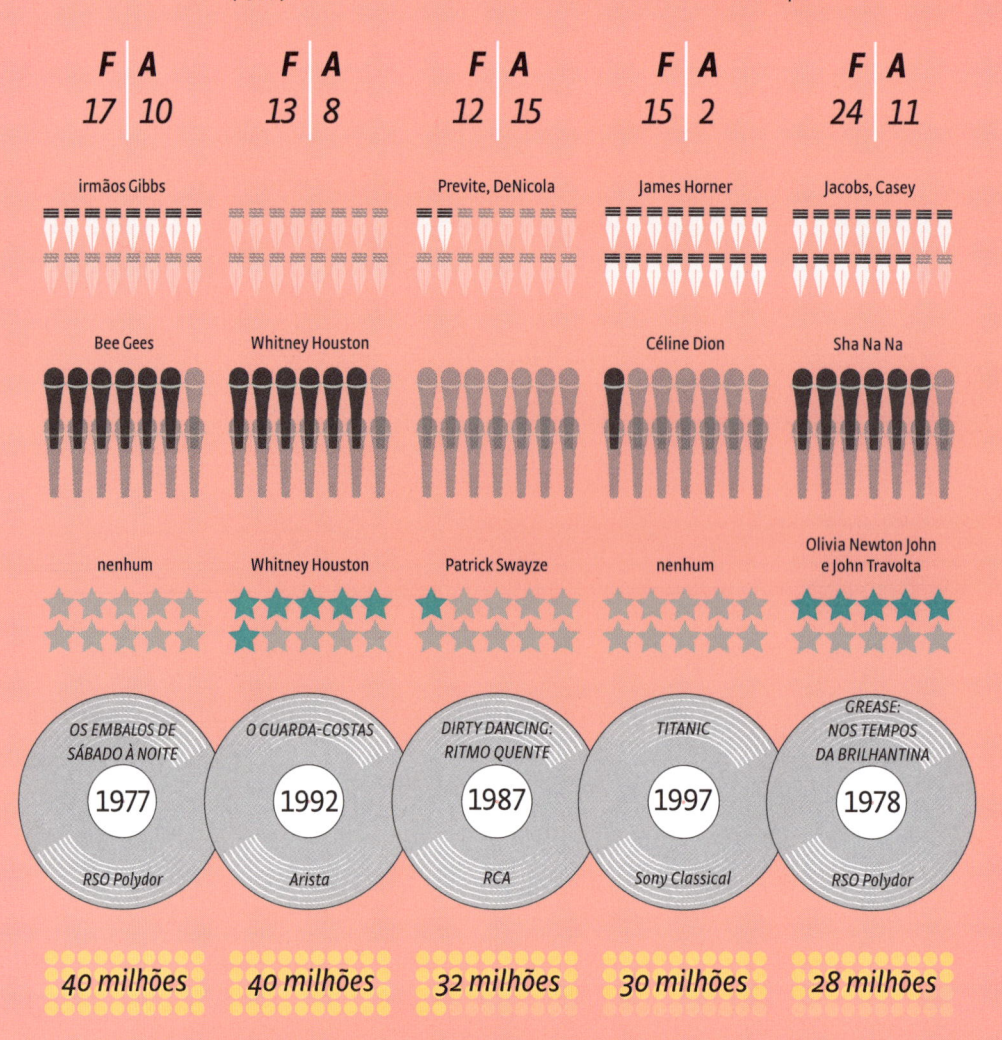

F	A	F	A	F	A	F	A	F	A
17	10	13	8	12	15	15	2	24	11

irmãos Gibbs		Previte, DeNicola	James Horner	Jacobs, Casey
Bee Gees	Whitney Houston		Céline Dion	Sha Na Na
nenhum	Whitney Houston	Patrick Swayze	nenhum	Olivia Newton John e John Travolta

OS EMBALOS DE SÁBADO À NOITE	O GUARDA-COSTAS	DIRTY DANCING: RITMO QUENTE	TITANIC	GREASE: NOS TEMPOS DA BRILHANTINA
1977	1992	1987	1997	1978
RSO Polydor	Arista	RCA	Sony Classical	RSO Polydor
40 milhões	40 milhões	32 milhões	30 milhões	28 milhões

F Número de faixas
A Número de artistas
● Vendas no mundo inteiro

🎤 Artista que gravou a maioria das faixas
★ Astros do filme com canções na trilha sonora
≡ Autor da maioria das canções

Número de faixas com o artista principal
Número de canções executadas pelos atores
Número de composições

F	A	F	A	F	A	F	A	F	A
9	1	12	16	9	9	10	10	16	15

Prince	John, Rice	Pitchford	Moroder, Whitlock	Babyface

Prince	Elton John	Kenny Loggins	Kenny Loggins	Whitney Houston

Prince	nenhum	nenhum	nenhum	Whitney Houston

PURPLE RAIN	O REI LEÃO	FOOTLOOSE: RITMO LOUCO	TOP GUN: ASES INDOMÁVEIS	FALANDO DE AMOR
1984	1994	1984	1986	1995
Warner Bros.	Walt Disney Records	Columbia	Columbia	Arista
20 milhões	15 milhões	15 milhões	12 milhões	10 milhões

wikipedia.org

SEGUINDO OS MORTOS

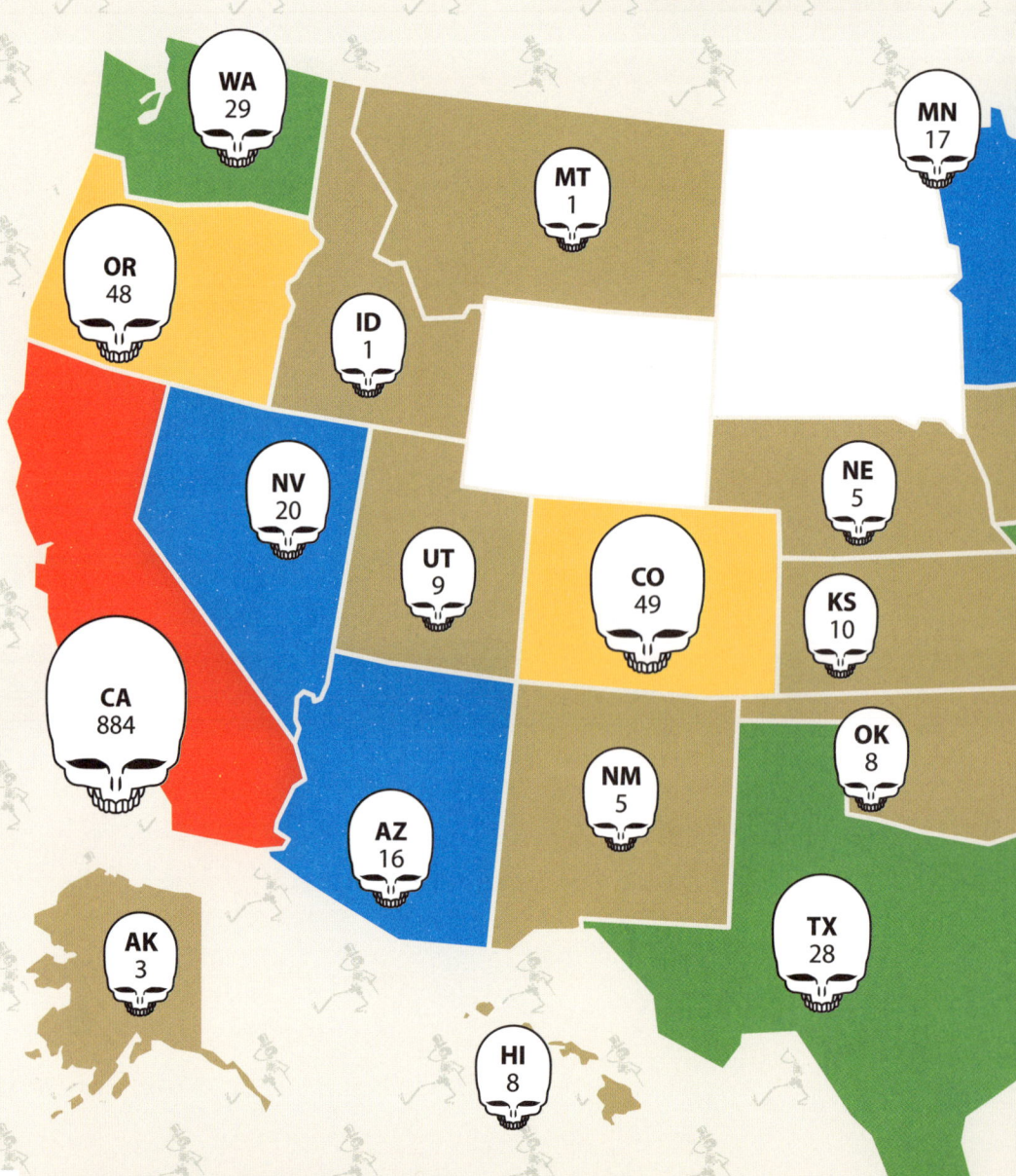

- WA 29
- MN 17
- MT 1
- OR 48
- ID 1
- NV 20
- NE 5
- UT 9
- CO 49
- KS 10
- CA 884
- NM 5
- OK 8
- AZ 16
- TX 28
- AK 3
- HI 8

vizual-statistix.tumblr.com/post/49526164893/for-all-the-deadheads-out-there-i-made-a

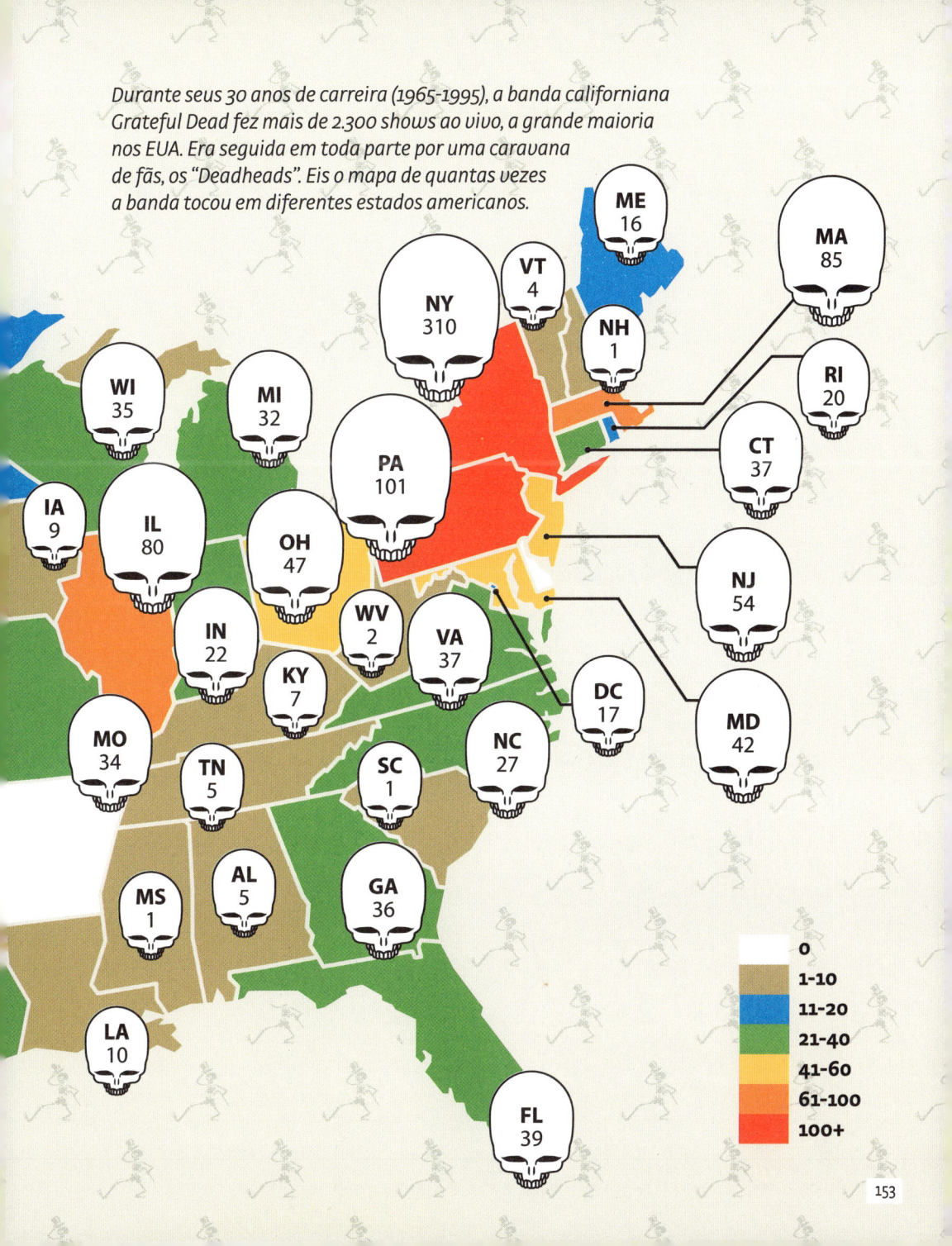

Durante seus 30 anos de carreira (1965-1995), a banda californiana Grateful Dead fez mais de 2.300 shows ao vivo, a grande maioria nos EUA. Era seguida em toda parte por uma caravana de fãs, os "Deadheads". Eis o mapa de quantas vezes a banda tocou em diferentes estados americanos.

- ME 16
- MA 85
- VT 4
- NY 310
- NH 1
- RI 20
- WI 35
- MI 32
- CT 37
- PA 101
- IA 9
- IL 80
- OH 47
- NJ 54
- IN 22
- WV 2
- VA 37
- MO 34
- KY 7
- DC 17
- MD 42
- TN 5
- SC 1
- NC 27
- MS 1
- AL 5
- GA 36
- LA 10
- FL 39

Legenda:
- 0
- 1-10
- 11-20
- 21-40
- 41-60
- 61-100
- 100+

100 ANOS DE **ROCK**

As raízes da música popular contemporânea estão em diversas cidades ao redor do mundo. Eis onde surgiram os diferentes subgêneros, mais a principal contribuição de cada lugar.

EUROPA

- **1957** — Londres, Skiffle/Lonnie Donegan
- **1961** — Liverpool, Merseybeat/The Beatles
- **1965** — Londres, Mod/The Who
- **1966** — Canterbury, Rock Progressivo/Soft Machine
- **1968** — Wolverhampton, Heavy Metal/Black Sabbath
- **1970** — Düsseldorf, Krautrock/Kraftwerk
- **1970** — Londres, Glam Rock/David Bowie
- **1972** — Munique, Synth-Pop/Giorgio Moroder
- **1975** — Cleveland, Rádio de Rock para Adultos (AOR, Adult Oriented Rock Radio)/Fleetwood Mac
- **1976** — Berlim Ocidental, New Age/Tangerine Dream
- **1976** — Londres, Punk Rock/The Sex Pistols
- **1977** — Londres, New Wave/Elvis Costello
- **1982** — Paris, World Music/Womad
- **1982** — Manchester, Indie/The Smiths
- **1987** — Bristol, Trip-Hop/Massive Attack
- **1991** — Amsterdã, Eurodance/2 Unlimited
- **1992** — Londres, Drum'N'Bass/Goldie
- **2001** — Londres, Grime/Dizzee Rascal

OUTROS

- **1964** — Kingston, Jamaica, Studio One/Bob Marley & The Wailers
- **1972** — Tóquio, Electro Rock/Tomita
- **1992** — Seul, K-Pop/Seo Taiji

- **1959** — Muscle Shoals, Fame Studio, R&B/Arthur Alexander
- **1960** — Nova York, Soul/Sam Cooke
- **1961** — Memphis, Stax Records, Soul/Booker T. & The M.G.s

EUA

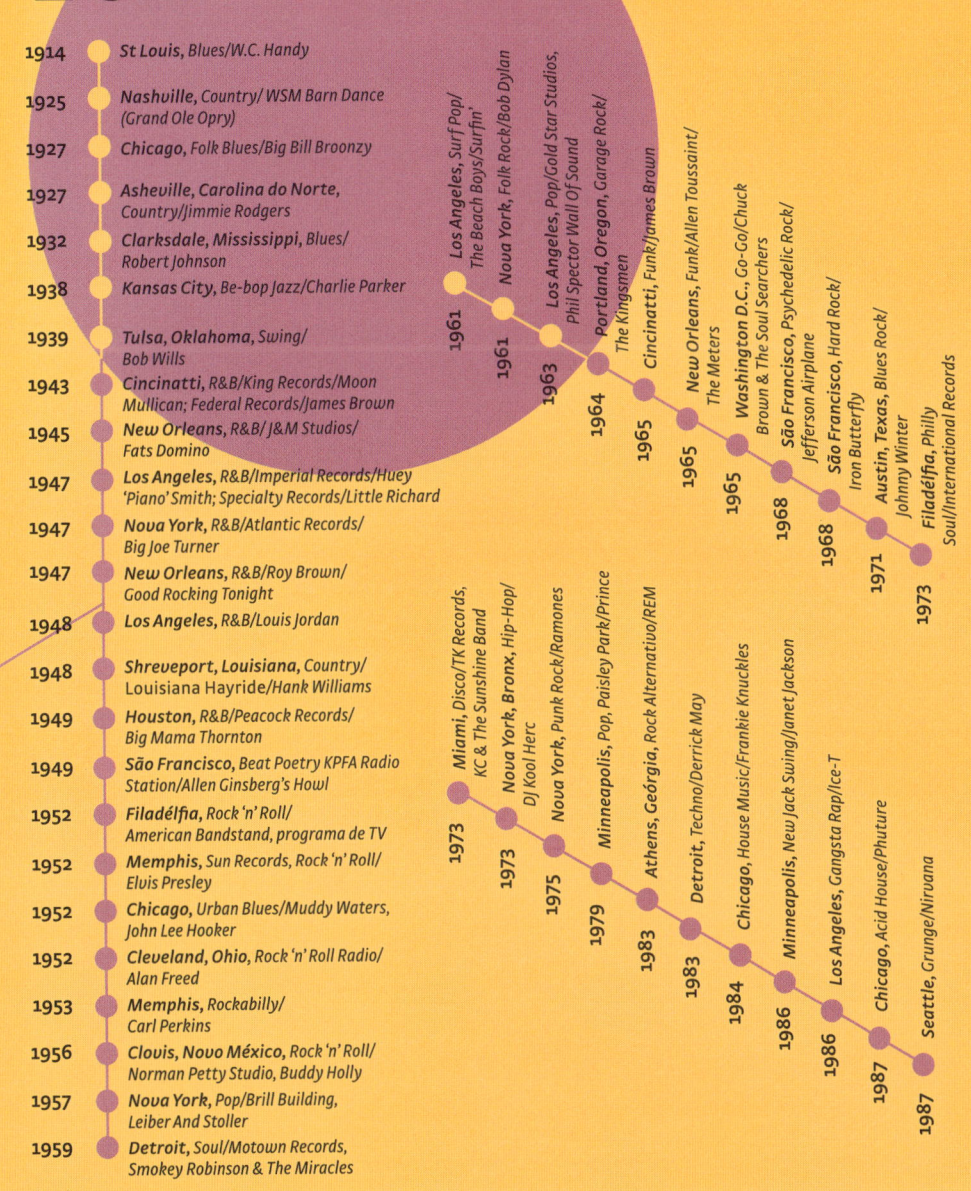

- **1914** — St Louis, Blues/W.C. Handy
- **1925** — Nashville, Country/ WSM Barn Dance (Grand Ole Opry)
- **1927** — Chicago, Folk Blues/Big Bill Broonzy
- **1927** — Asheville, Carolina do Norte, Country/Jimmie Rodgers
- **1932** — Clarksdale, Mississippi, Blues/Robert Johnson
- **1938** — Kansas City, Be-bop Jazz/Charlie Parker
- **1939** — Tulsa, Oklahoma, Swing/Bob Wills
- **1943** — Cincinatti, R&B/King Records/Moon Mullican; Federal Records/James Brown
- **1945** — New Orleans, R&B/J&M Studios/Fats Domino
- **1947** — Los Angeles, R&B/Imperial Records/Huey 'Piano' Smith; Specialty Records/Little Richard
- **1947** — Nova York, R&B/Atlantic Records/Big Joe Turner
- **1947** — New Orleans, R&B/Roy Brown/Good Rocking Tonight
- **1948** — Los Angeles, R&B/Louis Jordan
- **1948** — Shreveport, Louisiana, Country/Louisiana Hayride/Hank Williams
- **1949** — Houston, R&B/Peacock Records/Big Mama Thornton
- **1949** — São Francisco, Beat Poetry KPFA Radio Station/Allen Ginsberg's Howl
- **1952** — Filadélfia, Rock 'n' Roll/American Bandstand, programa de TV
- **1952** — Memphis, Sun Records, Rock 'n' Roll/Elvis Presley
- **1952** — Chicago, Urban Blues/Muddy Waters, John Lee Hooker
- **1952** — Cleveland, Ohio, Rock 'n' Roll Radio/Alan Freed
- **1953** — Memphis, Rockabilly/Carl Perkins
- **1956** — Clovis, Novo México, Rock 'n' Roll/Norman Petty Studio, Buddy Holly
- **1957** — Nova York, Pop/Brill Building, Leiber And Stoller
- **1959** — Detroit, Soul/Motown Records, Smokey Robinson & The Miracles
- **1961** — Los Angeles, Surf Pop/The Beach Boys/Surfin'
- **1961** — Nova York, Folk Rock/Bob Dylan
- **1963** — Los Angeles, Pop/Gold Star Studios, Phil Spector Wall Of Sound
- **1964** — Portland, Oregon, Garage Rock/The Kingsmen
- **1965** — Cincinatti, Funk/James Brown
- **1965** — New Orleans, Funk/Allen Toussaint/The Meters
- **1965** — Washington D.C., Go-Go/Chuck Brown & The Soul Searchers
- **1968** — São Francisco, Psychedelic Rock/Jefferson Airplane
- **1968** — São Francisco, Hard Rock/Iron Butterfly
- **1971** — Austin, Texas, Blues Rock/Johnny Winter
- **1973** — Filadélfia, Philly Soul/International Records
- **1973** — Miami, Disco/TK Records, KC & The Sunshine Band
- **1973** — Nova York, Bronx, Hip-Hop/DJ Kool Herc
- **1975** — Nova York, Punk Rock/Ramones
- **1979** — Minneapolis, Pop, Paisley Park/Prince
- **1983** — Athens, Geórgia, Rock Alternativo/REM
- **1983** — Detroit, Techno/Derrick May
- **1984** — Chicago, House Music/Frankie Knuckles
- **1986** — Minneapolis, New Jack Swing/Janet Jackson
- **1986** — Los Angeles, Gangsta Rap/Ice-T
- **1987** — Chicago, Acid House/Phuture
- **1987** — Seattle, Grunge/Nirvana

JESUS NO YOUTUBE

No Domingo de Páscoa, uma pesquisa no YouTube por vídeos e canções nos quais se destacasse o nome de Jesus mostra como se comportam os diferentes gêneros musicais. Ao que parece, o rock alternativo é duas vezes mais devotado a Ele do que o country.

NÚMERO DE VÍDEOS NO YOUTUBE

GÊNERO

- ROCK ALTERNATIVO
- COUNTRY
- ROCK
- POP
- BLUES
- RAP
- HEAVY METAL
- FOLK
- DANCE
- COMÉDIA
- SOUL

Faturamento

Contrato com a Live Nation

OS 360° DE **JAY-Z**

Este gráfico mostra como o contrato entre a Live Nation e Jay-Z valeu a pena para ambas as partes.

US$14 milhões vendas do álbum The Blueprint
US$18 milhões vendas do álbum Watch The Throne
US$2 milhões shows de abertura na turnê do U2
US$2 milhões turnê Home To Home
US$34,2 milhões turnê de 2008 com Mary J. Blige
US$48 milhões turnê de 2009

US$20 milhões adiantamento de direitos autorais, cachês de licenciamento e produção
US$25 milhões bônus
US$25 milhões adiantamento de cachê de turnê e merchandise
US$10 milhões adiantamento pelo 1º álbum de 3 contratados
US$10 milhões adiantamento pelo 2º álbum de 3 contratados
US$10 milhões adiantamento pelo 3º álbum de 3 contratados

wikipedia.org, Billboard, New York Times

157

DE ONDE VEM A **MÚSICA CLÁSSICA**?

O que chamamos de música clássica teve início no século XVII na Europa Central e foi se desenvolvendo de cidade em cidade conforme os compositores apareciam. A seguir, veja os principais nomes de cada período da música clássica e os locais onde nasceram.

La Monte Young
Bern, Idaho 1935-
EUA

John Adams
Worcester, MA 1947-
EUA

Amy Beach
Henniker, NH 1867-1944
EUA

Terry Riley
Colfax, CA 1935-
EUA

Aaron Copland
Nova York, NY 1900-1990
EUA

Charles Ives
Danbury, CT
1874-1954 EUA

Morton Feldman
Nova York, NY 1926-1987
EUA

Terence Blanchard
New Orleans, LA 1962-
EUA

Steve Reich
Nova York, NY 1936-
EUA

George Gershwin
Nova York, NY 1898-1937
EUA

John Cage
Los Angeles, CA 1912-1992
EUA

John Philip Sousa
Washington, DC 1854-1932
EUA

Bernard Herrmann
Nova York, NY 1911-1975
EUA

Miguel Bernal Jiménez
Morelia, Michoacán 1910-1956
México

Heitor Villa-Lobos
Rio de Janeiro 1887-1959
Brasil

Violeta Parra
San Carlos 1917-1967
Chile

Alberto Ginastera
Buenos Aires 1916-1983
Argentina

Juan Carlos Paz
Buenos Aires 1901-1972
Argentina

Astor Piazzolla
Mar del Plata 1921-1992
Argentina

Juan Pedro Esnaola
Buenos Aires 1808-1878
Argentina

BARROCA
(1600-1760)

CLÁSSICA
(1730-1820)

ROMÂNTICA
(1815-1910)

MODERNA
(1890-1930)

SÉCULO XX
(1901-2000)

CONTEMPORÂNEA
(1975-hoje)

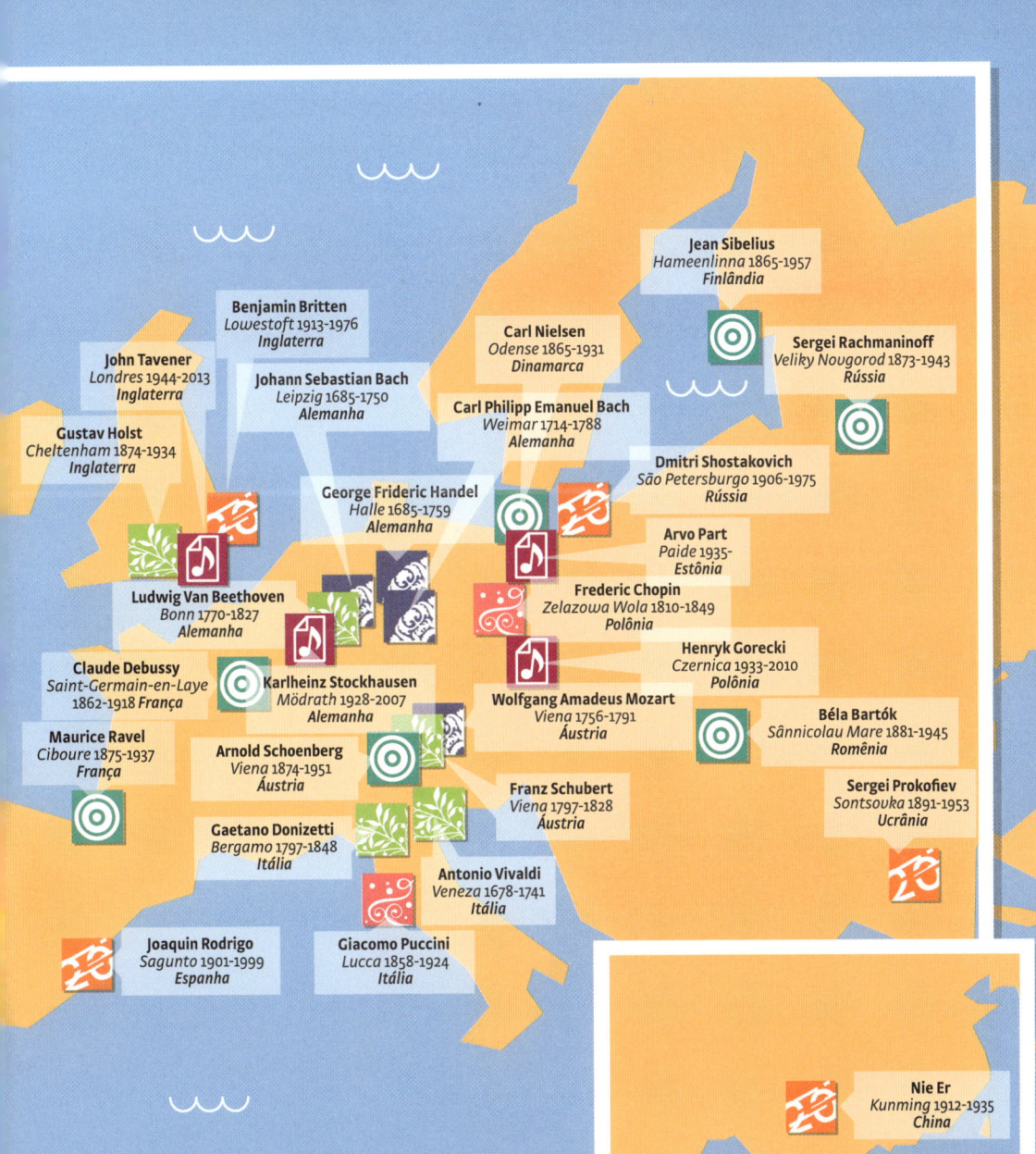

Jean Sibelius
Hameenlinna 1865-1957
Finlândia

Benjamin Britten
Lowestoft 1913-1976
Inglaterra

Carl Nielsen
Odense 1865-1931
Dinamarca

Sergei Rachmaninoff
Veliky Nougorod 1873-1943
Rússia

John Tavener
Londres 1944-2013
Inglaterra

Johann Sebastian Bach
Leipzig 1685-1750
Alemanha

Carl Philipp Emanuel Bach
Weimar 1714-1788
Alemanha

Gustav Holst
Cheltenham 1874-1934
Inglaterra

Dmitri Shostakovich
São Petersburgo 1906-1975
Rússia

George Frideric Handel
Halle 1685-1759
Alemanha

Arvo Part
Paide 1935-
Estônia

Ludwig Van Beethoven
Bonn 1770-1827
Alemanha

Frederic Chopin
Zelazowa Wola 1810-1849
Polônia

Henryk Gorecki
Czernica 1933-2010
Polônia

Claude Debussy
Saint-Germain-en-Laye 1862-1918 *França*

Karlheinz Stockhausen
Mödrath 1928-2007
Alemanha

Wolfgang Amadeus Mozart
Viena 1756-1791
Áustria

Béla Bartók
Sânnicolau Mare 1881-1945
Romênia

Maurice Ravel
Ciboure 1875-1937
França

Arnold Schoenberg
Viena 1874-1951
Áustria

Franz Schubert
Viena 1797-1828
Áustria

Sergei Prokofiev
Sontsouka 1891-1953
Ucrânia

Gaetano Donizetti
Bergamo 1797-1848
Itália

Antonio Vivaldi
Veneza 1678-1741
Itália

Joaquin Rodrigo
Sagunto 1901-1999
Espanha

Giacomo Puccini
Lucca 1858-1924
Itália

Nie Er
Kunming 1912-1935
China

Créditos

Designers e Ilustradores

Marc Morera Agustí (20-1, 58-9)
Federica Bonfanti (10-1, 32-3, 158-9)w
Kuo Kang Chen (14-7)
Ian Cowles (34-5, 74-5)
Giulia De Amicis (66-7)
Barbara Doherty (12-3, 26-7, 62-3, 88-9, 96-7, 102-3, 114-5, 124-5, 126, 138-9, 142-3, 156)
Wayne Dorrington (92-3, 122-3)
Christian Enache (86-7)
Wojciech Grabalowski (56-7, 76-7, 150-1, 154-5)
Nick Graves (36-7, 48-9, 60-1, 70-1)
Lorena Guerra (18-9, 30-1, 46-7, 82-3, 108-9, 110-1)
Jamie Gurnell (100)
Natasha Hellegouarch (54-5, 104-5)
Erwin Hilao (80-1)
David Hurtado (118-9)
Seth Kadish (42-3)
Yann Le Neve (40-1)
Stephen Lillie (72-3, 112-3, 130-1)
Mish Maudsley (84-5)
Priscila Mendoza, Yazmin Alanis (144-5)
Priscila Mendoza, Michael Denman, Bhavika Shah (148-9)
Kaira Mezulis (90-1)
Milkwhale.com (152-3)
Ahmed Naseer aka Med Nes (64-5)
Aleksandar Savic (52, 53, 94-5, 127, 140-1, 146-7)
Yael Shinkar (50-1, 68-9, 106-7)
Matt Veal (120-1)
Fedor Velyaminov (22-3)
Sergio Villarreal (134-5)
Ryan Welch (44-5)
Gemma Wilson (38-9, 78-9, 116-7, 128-9, 132-3, 137)
Anil Yanik (98-9, 136)